Les vrais maîtres
de la forêt québécoise

D0996194

Pierre Dubois

Les vrais maîtres de la forêt québécoise

Préface de Richard Desjardins

les éditions
écosociété

Révision : Françoise Forest
Typographie : Nicolas Calvé
Illustration de la couverture : *Vivre de la forêt,* aquarelle, encre,
écoline et acrylique sur papier, par Benoît Savary (1995).

© Les Éditions Écosociété, 1995
C.P. 32 052, succ. Les Atriums
Montréal (Québec)
H2L 4Y5

Dépôt légal :
4ᵉ trimestre 1995

ISBN 2-921561-23-9

Diffuseur en Amérique : *Dimédia inc.*
539, boul. Lebeau
Saint-Laurent (Québec)
H4N 1S2

Diffuseur en Europe : *EPO*
20 A, rue Houzeau de Lehaie
1080 Bruxelles
Belgique

Données de catalogage avant publication (Canada)
Dubois, Pierre, 1957-
Les vrais maîtres de la forêt québécoise
Comprend des réf. bibliogr.
ISBN 2-921561-23-9

1. Forêts – Protection – Québec (Province). 2. Politique forestière
– Québec (Province). 3. Forêts – Exploitation – Québec (Province).
4. Reboisement – Québec (Province). 5. Ingénieurs forestiers –
Québec (Province). I. Titre.

SD414.C3D82 1995   634.9'2'09714   C95-941688-9

Table des matières

Préface

J'ÉCRIS CE MOT à quelques heures du référendum 1995. Que le non ou le oui passe, une chose est sûre : fédéralement ou souverainement, en anglais ou en français, la forêt boréale va continuer de se faire piller. Froidement.

Tous les facteurs sont réunis. Les prix sont élevés, la demande demeure inassouvissable, les profits sont extraordinaires et l'État a lamentablement concédé sur papier ce qui reste de la ressource. Le moindre moulin à scie tourne jour et nuit alors qu'en forêt, trois hommes et leurs machines sont capables aujourd'hui d'abattre jusqu'à quinze mille arbres par semaine en toute impunité. Le traité de libre-échange nous oblige « à fournir » et le lobby forestier a réussi à faire colmater toute avenue juridique qui pourrait permettre à un citoyen de poursuivre un abuseur industriel. Enfin, la population mesure mal l'ampleur du scandale, ne réussit pas à en comprendre les données ou croit qu'elle n'y peut rien.

Pour ménager la sensibilité des cœurs saignants, on laissera une lisière de forêt sur chaque côté de la route. Cette cynique pratique a même un nom scientifique : la simulation visuelle.

Comment appelle-t-on cette hallucination qui consiste à voir des arbres là où il n'y en a plus ? Comment en est-on arrivé là ?

La société a donné aux ingénieurs forestiers la gérance morale de la ressource forestière et le mandat de la protéger. Raconter l'histoire de la destruction de notre forêt, c'est aussi raconter l'histoire de la désintégration intellectuelle de cette corporation professionnelle auto-proclamée « gens de l'ordre ». Ces gens-là ont justifié entre autres la pratique de la coupe à blanc, la dévastation mécanique du sol et l'épandage de poisons. Malgré tout le progrès accompli dans la connaissance des écosystèmes et de leur importance vitale, ils continuent d'envisager la forêt comme une addition d'arbres. Pitoyable.

Ces technocrates se promènent de ministères en compagnies, bercés dans des salaires plus ou moins légitimes en regard de la protection réelle qu'ils assurent à la forêt, se complaisant dans des aberrations scientifiques, arrangeant leurs études pour qu'elles concordent avec la loi du moulin, ne parlant jamais publiquement des vrais problèmes qui accablent la forêt et les travailleurs forestiers. Dans un bureau gouvernemental d'Abitibi, on me l'a dit : « Nous sommes des comptoirs de "mappes" pour les compagnies. »

Paradoxalement, ce sont les PDG des grosses papetières qui s'inquiètent ouvertement du « problème de disponibilité de la matière ligneuse ». Le patron de *Tembec* donne même dans la poésie quand il évoque la « rareté croissante de la ressource ».

Jamais, je crois, une corporation professionnelle n'a atteint un tel degré de prostitution. Les techniciens sont tenus en laisse, découragés et muselés. Toujours deux langages : celui du bureau et celui de la brasserie. Celui qui avait affirmé il y a quelques années que les ingénieurs forestiers ne protègent pas le public a subi une enquête du syndic de sa corporation et s'est même vu subtilement invité à démissionner[1]. Pourquoi ? Parce qu'il avait osé critiquer. Parce qu'il avait osé faire son travail, tout simplement. Crois ou meurs. Ce qu'on doit mal dormir dans ce milieu-là.

Je sais qu'une fraction importante des ingénieurs et des techniciens ne sont pas d'accord avec la philosophie forestière actuelle. Les premières lueurs et puis la lumière ne peuvent provenir que de leur conscience, de leur cœur et de leur courage.

Il est temps qu'ils parlent, il est temps de les écouter.

Richard Desjardins
Octobre 1995

---

1. N.D.L.R. : Voir à ce sujet « L'ingénieur forestier ne protège pas le public », *Le Soleil,* 10 octobre 1987. Cet article se réfère à une thèse de maîtrise en sciences politiques de Pierre Dubois intitulée *Forestiers et technocrates : l'idéologie technocratique des ingénieurs forestiers au Québec,* Université Laval, octobre 1986.

Avant-propos

L'IDÉE D'UN LIVRE SUR LA FORÊT est née de cinq années de journalisme consacrées aux questions forestières. Comme journaliste, officiellement du moins, je ne suis là que pour rapporter les faits, faire parler les acteurs ; mon opinion passe au second plan. Les articles s'accumulent, mais demeurent partiels, et le traitement de l'information reste superficiel. On finit par être tenté de faire une synthèse et d'aller plus à fond dans l'analyse.

Si aujourd'hui je peux écrire ce livre, je le dois à toutes les personnes que j'ai rencontrées, avec qui j'ai discuté, le plus souvent au téléphone, parfois en forêt. Mais ce livre résulte aussi d'un engagement personnel qui remonte à plus loin. Je pense surtout ici à ma participation active au Collectif Forêt-intervention, qui m'a autorisé à présenter son tout récent manifeste en annexe de ce livre. Le Collectif a toujours été pour moi un important lieu de discussion et de réflexion sur les problèmes forestiers québécois.

Une fois acquis l'intérêt des Éditions Écosociété, j'ai sollicité un appui financier de la part d'organismes que je savais favorables à ma vision du problème forestier québécois, en leur soumettant un premier plan de travail. J'ai essuyé quelques refus, mais j'ai reçu, fort heureusement, plusieurs réponses favorables. Je suis profondément reconnaissant aux organismes qui m'ont financièrement appuyé. C'est le cas, par exemple, de la Fédération des travailleurs forestiers du Québec, des Ami-e-s de la Terre de l'île d'Orléans, de la Fédération des travailleurs du papier et de la forêt de la Confédération des syndicats nationaux (CSN), du Syndicat canadien des communications, de l'énergie et du papier et de la Fondation Héritage faune. Plusieurs autres organismes qui m'ont accordé leur aide ont exprimé le désir de demeurer dans l'ombre, pour des raisons politiques. Sans cette aide extérieure, il m'aurait fallu travailler sur une base complètement bénévole.

C'est en journaliste indépendant que j'ai abordé ce projet et j'ai tenu à conserver mon entière autonomie tout au long de son élaboration. Aucun organisme, quel qu'il soit, n'a été appelé à en valider le contenu. J'assume ainsi l'entière responsabilité de mes observations et de mes conclusions.

Je remercie enfin chaleureusement mes amis qui m'encouragent depuis longtemps dans cette démarche et qui ont bien voulu lire et critiquer ce texte, m'aidant ainsi à pousser plus loin ma réflexion et à mieux faire comprendre la gravité de la situation forestière au Québec.

Introduction

Mais un arbre mutilé m'annonce,
comme un prophète,
les barbaries futures.

Félix Antoine Savard
Aux Marges du silence[1]

IL EST DE BON TON au Québec de parler de la forêt comme
de notre plus grande richesse naturelle. Celle-ci constitue
en effet une composante majeure de notre environnement
naturel. D'est en ouest, du nord au sud, la forêt québécoise
s'étend sur quelque 760 000 kilomètres carrés. Pour ne pas
la réduire à sa seule dimension commerciale, nous devons
aussi parler des 340 000 kilomètres carrés de taïga, une forêt
clairsemée située entre la forêt dense et la toundra nordique.
Nous pouvons donc dire que la forêt couvre la moitié de
tout le territoire québécois. Son rôle écologique est pri-
mordial, quoique difficile à mesurer. On sait entre autres
qu'elle purifie l'air, régularise le régime des eaux, assure un
habitat à la faune. La forêt, nous l'oublions souvent, est le
milieu de vie, de travail et de loisir de centaines de milliers
de Québécois. Comment évaluer la contribution des arbres,
de la forêt et des paysages forestiers à notre équilibre et à

---

1. Québec, Les Éditions Garneau, 1975.

notre bien-être général ? Certains apprécient le calme et la sérénité que la forêt dégage, d'autres insisteront sur son caractère thérapeutique, culturel ou sacré. La forêt québécoise s'unit aux autres forêts du globe pour assurer l'équilibre écologique planétaire.

Les ressources forestières sont le pilier économique de la plupart des régions du Québec. Un emploi sur dix en découle. En dehors des grandes régions de Montréal et de Québec, l'économie forestière est prédominante. Bon an mal an, le papier journal, le bois de sciage et la pâte de bois figurent parmi les premiers produits d'exportation du Québec. Selon une étude menée en 1991 par Léo-Paul Lauzon, professeur de comptabilité à l'Université du Québec à Montréal, le chiffre d'affaires cumulatif de Foresterie Noranda, Abitibi-Price, Stone-Consolidated, Produits Forestiers Canadien Pacifique, Domtar, Cascades, Kruger, Donohue, Rolland et Tembec, dépassait les 15 milliards de dollars[2]. La majeure partie des activités commerciales de ces entreprises s'effectuent au Québec.

Notre forêt est immense et l'activité économique qui en découle est vitale pour une bonne partie de la population québécoise. Or une large proportion (90 pour cent) de cette ressource est propriété de l'État. L'expression «grande forêt publique» qu'on entend souvent laisse croire que la forêt appartient à la collectivité. Mais la réalité est tout autre. Il suffit de lire *Menaud, maître draveur*[3] pour comprendre les racines de la dépossession de notre patrimoine forestier. Les premiers maîtres incontestés de nos forêts à partir du mo-

---

2. Léo-Paul Lauzon, *L'industrie papetière canadienne – analyse socio-économique (1981-1991)*, Université du Québec à Montréal, août 1992.

3. Félix Antoine Savard, *Menaud, maître draveur,* Québec, Les Éditions Garneau, 1937.

ment où on se mit à les exploiter furent des Anglais. Plus tard, ce fut au tour des compagnies américaines d'accaparer les ressources forestières. La vieille expression «terres de la Couronne», héritée de notre histoire de colonie britannique et que j'emprunte à mon père, exprime bien le véritable statut de la forêt québécoise.

L'ancien système des concessions forestières livrait complètement les forêts à l'industrie pour qu'elle développe les régions. L'unique tentative de reprise en main de la gestion forestière par l'État remonte au début des années 1970, alors que Kevin Drummond était ministre québécois des Terres et Forêts. À l'époque, le gouvernement dut affronter le *lobby* de l'industrie qui ne voulait pas se voir privée de ses privilèges. Conçue sous le régime péquiste du début des années 1980, la politique forestière actuelle a été mise en vigueur par le gouvernement libéral qui lui succéda. Pour ce qui est des privilèges de l'industrie, cette politique marque un quasi-retour à la case départ : chaque usine a une garantie d'approvisionnement qui prend la forme d'un contrat d'approvisionnement et d'aménagement forestiers (CAAF) d'une durée de 25 ans, renouvelable bien sûr!

L'histoire de notre développement forestier est celle de l'aliénation de nos ressources forestières. Hier, nous étions littéralement colonisés ; aujourd'hui, plusieurs mécanismes et symboles de cet asservissement ont survécu. Nous laissons encore des intérêts privés dilapider notre patrimoine collectif ; nous les encourageons même à le faire à coups de subventions et de crédits de droits de coupe.

Parmi tous les symboles de notre aliénation au chapitre des ressources forestières, en voici un qui nous fera entrer dans le vif du sujet. Le pavillon Abitibi-Price de l'Université Laval abrite la faculté de Foresterie et de Géomatique, le seul endroit au Québec où se donne le cours d'ingénieur forestier. Or, il se trouve qu'en 1987, Abitibi-Price, une société privée, accorda 750 000 $ à l'Université lors d'une campagne de financement. En échange, l'Université Laval donna au bâtiment principal de la faculté de Foresterie et de Géomatique le nom de la compagnie qui, du coup, s'appropriait un puissant symbole. Dans la même veine, une salle de cours et des serres arborent le nom de la Consolidated Bathurst. En caricaturant, on pourrait en déduire que même le génie forestier québécois est la propriété de l'industrie. À deux reprises déjà, j'ai eu l'occasion de m'exprimer publiquement sur cette question. Mais selon le doyen actuel, Claude Godbout, qui m'écrivait à ce propos à la fin de 1989, cela n'équivaut en rien à une mainmise de l'industrie forestière sur l'enseignement de la foresterie au Québec... Ce baptême industriel du pavillon abritant la formation des ingénieurs forestiers du Québec a au moins le mérite de la clarté. Il illustre éloquemment la réalité de notre histoire forestière, marquée par la constitution d'immenses fortunes contrôlées par des capitaux canadiens-anglais, américains et britanniques. De toute façon, à l'instar des autres spécialités du génie, le génie forestier a pris naissance pour répondre au besoin de techniciens de la grande industrie.

Certes, l'industrie n'exerce pas un contrôle direct sur l'enseignement universitaire. Son influence est plus subtile et prend plutôt la forme d'échanges plus ou moins structurés avec le milieu universitaire, lesquels contribuent à transmettre aux futurs ingénieurs forestiers du Québec une idéologie qui lui est favorable. Des industriels, des fonctionnaires, des sous-ministres, voire des députés, qui consacrent beaucoup d'énergie à défendre les intérêts de l'industrie forestière, viennent y donner des conférences ou participer à des débats. Tout cela donne lieu à un ensemble d'échanges informels qui créent une communauté de vues, une promiscuité et une solidarité intellectuelle favorables à la défense des intérêts supérieurs de l'industrie.

D'instinct presque, nous savons qu'il ne faut pas sous-estimer l'influence des *lobbies* de l'industrie forestière. La difficulté, c'est d'en faire la preuve ou, minimalement, d'en comprendre les mécanismes. Au début des années 1990, jeune journaliste, je me retrouve un jour dans le bureau d'Albert Côté, alors ministre libéral délégué aux Forêts. Notre entrevue est sur le point de commencer quand le téléphone sonne. L'attaché de presse répond et dit : « M. Côté, André Duchesne à l'appareil. » André Duchesne est le PDG de l'Association des industries forestières du Québec (AIFQ), le principal porte-parole des intérêts de l'industrie papetière. Prenant l'appareil, le ministre de répondre : « Comment ça va, patron ? »

Bien sûr, il ne s'agit là que d'une anecdote. J'avoue qu'il serait tentant d'opter pour le sens littéral, surtout lorsqu'il s'agit de dénoncer un ministre des Forêts déjà attaqué sur la place publique. Le ministre Côté considérait-il vraiment André Duchesne comme son patron ? En analysant le contexte, nous pouvons sans doute mieux saisir le fond de l'histoire. Nul besoin d'être devin pour supposer qu'il y avait de fréquents échanges entre les deux hommes. Le mot « patron » doit probablement être pris ici comme un indice de familiarité qui rappelle le « boss » que vous lance votre garagiste. Mais quel que soit le sens qu'on voudra lui donner, ce qu'il faut retenir, c'est la démonstration de l'accès privilégié de l'industrie auprès des responsables de l'administration des forêts.

Cette soumission de nos élites forestières et politiques aux intérêts de la grande industrie est la cause majeure de nos problèmes forestiers. Dans un tel contexte, la forêt publique devient une source d'aliénation économique. Pensons notamment aux conditions du travail en forêt, qui ont toujours été et demeurent pénibles : travail à la scie à chaîne mais aussi, de plus en plus, maniement des débroussailleuses, reboisement, débardage du bois. Les gens qui travaillent en forêt peinent souvent douze heures par jour et se ruinent la santé ; tout cela pour un salaire de misère qui, dans bien des cas, leur est versé au rendement par un sous-traitant maintenu lui-même dans la précarité.

Cette aliénation économique est aussi vécue en forêt privée par les propriétaires de lots forestiers. La forêt privée couvre 10 pour cent du territoire forestier québécois. Chaque année, on y prélève du bois pour le vendre à l'industrie. Mais comme celle-ci dispose, grâce à son accès à la forêt publique, d'énormes quantités de bois dont elle se sert pour alimenter ses propres usines, la pression à la baisse sur les prix est forte et la négociation, ardue. La mainmise de l'industrie sur l'ensemble du marché du bois ne fait aucun doute. Les producteurs de bois s'en tirent en rognant sur leurs salaires, en acceptant une détérioration des conditions de travail et en faisant du bois à temps partiel. Il importe aussi de mentionner le rôle de l'économie forestière souterraine, qui permet à l'industrie d'obtenir sa matière première à bon marché. Ce phénomène est bien connu ; par exemple, la période de production du bois en forêt privée correspond souvent aux périodes de chômage.

Il n'est pas non plus inutile de rappeler ici que l'industrie forestière profite amplement des largesses des contribuables québécois, qui défraient 40 pour cent de ses travaux de reboisement et d'autres travaux sylvicoles. *(À la suite du Sommet sur la forêt privée tenu en mai 1995, ces faveurs seront bientôt étendues à la forêt privée.)* Face à tout cela, on en arrive à la conclusion que les industriels forestiers du Québec pourraient être considérés comme une catégorie à part d'assistés sociaux.

Le but de ce livre est de démontrer que nous restons collectivement à genoux devant une industrie qui surexploite la forêt québécoise, les ruraux et les travailleurs forestiers.

Cette industrie s'en tient à un aménagement forestier rudimentaire dans le seul but de réduire ses frais et profite des largesses des contribuables québécois. Aujourd'hui encore, les barons de l'industrie du sciage et des pâtes et papiers restent les vrais maîtres de la forêt québécoise. Comprendre le problème, c'est faire un premier pas vers sa solution.

CHAPITRE PREMIER

La dégradation des forêts

L'EXPLOITATION ÉCONOMIQUE ABUSIVE de la forêt conduit, non pas à sa désertification, mais à sa dégradation. Partout les effets destructeurs de cette surexploitation se font sentir. Les coupes à blanc, dans les forêts résineuses, et les coupes d'écrémage, dans les forêts mélangées et feuillues, ont appauvri nos forêts. La manière d'effectuer les coupes a des répercussions indéniables sur l'ensemble des écosystèmes, sur la faune, la flore, le paysage et les cours d'eau.

Les principaux problèmes proviennent de la surcoupe, qui se pratique pour répondre à l'appétit vorace de l'industrie. Encore aujourd'hui, les prélèvements de bois dépassent ce que la forêt peut produire. Lors d'une communication faite en 1994 et qui a malheureusement reçu peu d'attention, Louis-Jean Lussier, ingénieur forestier et consultant d'une grande réputation, s'interrogeait sur le respect de la possibilité forestière au Québec. À juste titre, il signalait que la gestion forestière risquait de basculer dans la science-fiction[1]. En effet, des modèles informatisés très sophistiqués sont aujourd'hui utilisés pour gérer la forêt. Mais au dire de plusieurs observateurs, les données et les hypothèses de calcul qu'on introduit dans ces modèles souffriraient du trop grand optimisme des gestionnaires forestiers. Ainsi, à partir de ces calculs savants, on en arrive à justifier une augmentation du volume de coupe dans l'année en cours en misant plusieurs décennies à l'avance sur les résultats de plantations faites aujourd'hui. De plus, on fait en partie abstraction des problèmes de survie et de croissance des plantations, des épidémies d'insectes, des chablis, des feux, du verglas et d'autres facteurs susceptibles d'entraver la régénération.

Une longue histoire de dilapidation

La forêt a permis l'essor économique de plusieurs régions du Québec. Mais la ressource est à bout de souffle et la forêt qui reste est de plus en plus éloignée des lieux habités. En mai 1994, l'ingénieur forestier Harold Tremblay comparait la gestion de la forêt à celle qui a prévalu pour la pêche commerciale : celle-ci s'est limitée à une simple gestion des stocks. Selon le courant de pensée dominant en foresterie, les coupes ont le même impact sur les territoires forestiers que les perturbations naturelles : les feux de forêt,

---

1. « La possibilité [forestière] d'un territoire représente la quantité de bois qui peut être exploitée annuellement sur une base soutenue au cours de l'horizon de planification retenu, généralement 120 ans. Le forestier parle alors de rendement soutenu, alors qu'il devrait plutôt parler, pour être conforme aux objectifs vraiment recherchés par l'entreprise et la société, de bénéfices nets soutenus. » Extrait d'une communication de Louis-Jean Lussier intitulée « Les écueils de l'aménagement forestier », présentée au colloque *Une forêt milieu de vie,* 5 mai 1994, *Interface forêt,* p. 43.

les insectes ravageurs et les chablis, ces arbres abattus par le vent, sont des phénomènes naturels qui contribuent au renouvellement des forêts ; les coupes ne feraient qu'imiter le travail de la nature.

Pourtant, les coupes abusives ont indéniablement entraîné une détérioration de nos ressources forestières. Ainsi, un siècle d'exploitation est pratiquement venu à bout du pin blanc, aujourd'hui rare dans nos forêts, sauf peut-être dans certains secteurs de la région de l'Outaouais. Ce pin, dont le bois était expédié par bateau en Angleterre, ne figure pas encore au rang des espèces menacées, mais il était bien plus présent dans nos forêts d'autrefois. Selon Marcien Roberge[2], ces pins blancs surplombaient autant les forêts d'érables à sucre du Sud du Québec que les sapinières du Nord. Dans le Sud du Québec, les forêts de feuillus nobles — chênes, merisiers, érables — ont connu un sort semblable. En 1989, l'Association des fabricants de meubles du Québec parlait d'une pénurie de ces bois au Québec, qui l'obligeait à s'approvisionner aux États-Unis.

Après le pin blanc, ce fut au tour des épinettes d'être convoitées par l'industrie. L'épinette est la matière première par excellence de l'industrie des pâtes et papiers et de l'industrie du sciage. À l'époque de la coupe à la sciotte et du débardage par des chevaux, on ne prélevait que les épinettes et on laissait les sapins sur place. Ce scénario s'est appliqué à presque toutes les forêts du Sud du Québec.

Cette place trop importante laissée au sapin serait à l'origine des problèmes que nous rencontrons avec la tordeuse des bourgeons de l'épinette, l'insecte ravageur

---

2. Marcien Roberge, « Les pratiques sylvicoles en liaison avec l'aménagement du territoire », causerie présentée devant un groupe d'étudiants à la maîtrise en aménagement du territoire de l'Université de Montréal, 10 avril 1984.

numéro un de nos forêts de conifères. C'est l'analyse que faisait par exemple l'entomologiste forestier J.-Robert Blais, qui prit sa retraite au milieu des années 1980 après avoir consacré plus de 40 années à l'étude de la tordeuse des bourgeons de l'épinette. Ses recherches montrent que les épidémies de tordeuse ont tendance à devenir de plus en plus étendues et intenses. Les épidémies de 1910, de 1940 et de 1970 ont frappé respectivement 10, 25 et 55 millions d'hectares dans tout l'Est du continent. Selon ce chercheur, ces épidémies deviennent aussi de plus en plus fréquentes : « Les raisons pour lesquelles la fréquence, l'étendue et la sévérité des invasions ont augmenté semblent attribuables principalement aux changements de l'écosystème forestier occasionnés par l'action de l'homme », expliquait-il [3]. Ayant débuté à la fin des années 1960, la dernière épidémie de la tordeuse a pris fin au début des années 1990, soit 25 ans plus tard. Une nouvelle épidémie commence présentement en Outaouais et la Société de protection des forêts contre les insectes et les maladies (SOPFIM) annonce un programme d'arrosage. Le scénario se répète et donne raison à J.-Robert Blais.

Le colloque de la Société d'entomologie du Québec tenu à la fin de 1989 fut centré sur la question suivante : « Cultivons-nous nos forêts pour le bénéfice des insectes nuisibles ? » Dans ce cas, cependant, on faisait référence aux plantations en monoculture qui, comme en agriculture, favorisent le développement des insectes et des maladies. Rappelons qu'au cours des années 1980, la solution à nos problèmes forestiers a pris la forme d'un gigantesque pro-

---

3. J.-Robert Blais, « Réflexions sur l'épidémiologie de la tordeuse des bourgeons de l'épinette (TBE) suite à 40 années d'étude », *in Revue d'entomologie du Québec*, vol. 29, n° 1, janvier 1984, pp. 27-34.

gramme de reboisement axé presque uniquement sur la plantation d'épinettes.

En plus des coupes traditionnelles d'épinettes, la coupe à blanc, la méthode la moins coûteuse pour l'industrie, a pour effet de favoriser le sapin. En effet, celui-ci devient plus combatif lorsqu'il peut utiliser la lumière soudainement disponible. Mais, comme nous l'avons déjà mentionné, le sapin est l'arbre de prédilection de la tordeuse, même si son nom porte à croire que celle-ci a une préférence pour l'épinette. Un autre facteur entre en ligne de compte pour expliquer l'uniformisation de nos forêts, qui a contribué à les rendre plus vulnérables aux épidémies d'insectes. Il s'agit des progrès accomplis au Québec dans la lutte contre les feux de forêt. En effet, le Québec est devenu un modèle d'efficacité dans la lutte contre les feux de forêt. Ce plus grand contrôle des feux aurait contribué à diminuer encore la diversité de nos forêts.

La coupe à blanc a d'autres conséquences négatives sur l'environnement, qui s'accentuent avec la fragilité du milieu et la superficie des coupes. Elle affecte le cycle de l'eau dans l'écosystème. En effet, lorsque la pente du terrain est forte et que le sol est mince, la coupe provoque souvent une érosion des sols forestiers favorisée par les pluies abondantes du printemps et de l'été. Lorsque les sols sont tourbeux, c'est la remontée de la nappe phréatique qui est à craindre. Grâce à l'eau qu'elle soutire du sol et rejette dans l'atmosphère, la forêt est garante d'un équilibre fragile. Lorsqu'on abat les arbres, il y a subitement beaucoup trop d'eau dans le sol, d'autant plus que la machinerie vient souvent détruire les mécanismes naturels d'irrigation des sols forestiers. Ce problème donne d'ailleurs des maux de tête aux forestiers de l'Abitibi, une région qui est un paradis à la fois du terrain plat, de l'argile et des grandes coupes à blanc. Le ministère des Ressources naturelles du Québec, responsable des forêts, propose actuellement une nouvelle approche de protection de ces milieux fragiles. Mais les dégâts déjà infligés sont nombreux. En outre, comment ne pas craindre que l'industrie ne tente de contourner ces mesures de protection ou de jouer sur leurs modalités de mise en œuvre ?

Enfin, les coupes à blanc jurent dans le paysage de plusieurs régions du Québec. Les premières années qui suivent la coupe sont probablement les pires. Il se dégage de ces terrains dénudés une impression de désolation. Et plus l'on progresse vers le nord, plus les parterres forestiers donnent l'impression de s'étendre et prennent de temps à reverdir. Les territoires forestiers nordiques se régénèrent difficilement. D'ailleurs, la forêt y prend plus de temps à croître ; les cycles écologiques y sont plus lents et les écosystèmes, plus fragiles.

L'impact social de la coupe à blanc

Les coupes à blanc sur de grandes superficies entraînent également des problèmes sociaux. Lorsqu'on vide un territoire, public ou privé, de ses ressources forestières, et qu'il n'y reste qu'un mélange de maquis de broussailles et d'arbres sans grande valeur économique, on enlève souvent à ses villes et à ses villages l'unique ressource sur laquelle s'appuyait leur développement économique. La conséquence logique d'une forêt régionale vidée de ses arbres est l'exode rural, qui peut même conduire à la fermeture de villes et de villages.

Dans le milieu forestier industriel et gouvernemental, il est de bon ton de dire que l'économie de plus d'une centaine de municipalités québécoises repose exclusivement sur la forêt. Mais on n'a jamais vraiment fait le compte des villes et des villages fermés à la suite de la spoliation des ressources forestières par l'industrie. C'est contre un tel scénario que s'est révoltée, à l'automne 1993, la population de

La Rédemption, située dans l'arrière-pays du Bas-Saint-Laurent. Pour stopper l'action de la machinerie forestière, les gens du village ont barré la route, forçant la Sûreté du Québec à intervenir. Leur action leur a d'ailleurs permis d'obtenir gain de cause.

En 1989, un scénario similaire avait incité les Algonquins du lac Barrière, dans le parc de La Vérendrye, à ériger un barrage sur la route conduisant à l'Abitibi. Ces Autochtones protestaient contre la progression des coupes à blanc dans un territoire qui constitue leur milieu de vie. Après des années de luttes et de discussions, les Algonquins sont parvenus à une entente avec Québec et Ottawa pour concevoir et appliquer une planification intégrée de tous les usages du territoire. Les Cris de la baie James ont aussi maintes fois dénoncé les coupes à blanc qui bouleversent leur milieu de vie.

La région de l'Abitibi est particulièrement touchée par les coupes à blanc à grande échelle. Au cours des dernières décennies, plusieurs grandes scieries s'y sont développées, lesquelles exercent une pression énorme sur la ressource. Au début de 1994, le chanteur Richard Desjardins, originaire de Rouyn-Noranda, a publiquement dénoncé le phénomène des coupes à blanc.

En Estrie, des citoyens protestent contre la coupe à blanc et des municipalités ont adopté des règlements limitant l'étendue des coupes, cette fois-ci en forêt privée. Malgré l'opposition de propriétaires de boisés et de forestiers, des municipalités limitent les coupes à quelques hectares et des permis municipaux de coupe sont obligatoires à certains endroits. Certaines municipalités ont même interdit toute coupe à blanc.

Force est de constater que l'exploitation forestière au Québec est une longue histoire de pillage de la ressource. D'année en année, les routes forestières et les coupes progressent de plus en plus loin vers le nord. Le problème d'approvisionnement des usines en bois devient partout plus aigu. Le bois de qualité se fait rare. Les routes forestières commencent à se rejoindre au beau milieu des territoires forestiers. Par exemple, les routes forestières au nord du comté de Portneuf rejoignent maintenant celles de la Haute-Mauricie ; celles de Charlevoix débouchent au Saguenay. Même scénario dans le Bas-Saint-Laurent et la Gaspésie. Qui parle de développement durable ?

Le nouveau nom de la coupe à blanc

Depuis l'arrivée d'une nouvelle politique forestière, au cours des années 1980, la coupe à blanc traditionnelle s'est transformée en « coupe avec protection de la régénération et des sols » (CPR ou CPRS). L'idée est de faire utiliser toujours les mêmes sentiers de débardage du bois par la machinerie forestière sur le parterre de coupe, ce qui permet de laisser intacts le sol et les petits arbres qui n'ont pas encore la taille commerciale. Encore faut-il que ces petits arbres soient présents sous le couvert des plus grands.

Dans la *Stratégie de protection des forêts* lancée en 1994 par le ministre libéral Christos Sirros, le gouvernement québécois a annoncé qu'il obligerait l'industrie à utiliser uniquement la CPR dans les forêts résineuses québécoises. (En fait, ce virage était déjà pris par l'industrie qui, dès 1992, utilisait cette approche sur plus des deux tiers des superficies forestières.) La CPR était appelée à devenir la seule méthode de coupe à blanc des forêts résineuses. Dans le même document, le gouvernement exprimait sa volonté de réduire les superficies maximales de coupe, de 250 hectares qu'elles étaient sur l'ensemble du territoire québécois, à 150 hectares dans les forêts d'épinettes noires du Nord du Québec, à 100 hectares dans les sapinières et les forêts mélangées du

Centre du Québec et à 50 hectares dans les forêts feuillues du Sud du Québec.

Tableau 1
Superficie des coupes à blanc au Québec

Superficie maximale des coupes avant 1994	250 hectares
Superficie maximale prescrite par la *Stratégie de protection des forêts* depuis 1994	150 hectares pour les forêts d'épinettes noires; 100 hectares pour les sapinières; 50 hectares pour les forêts feuillues.
Superficie maximale proposée par le gouvernement mais refusée par l'industrie (discutée officieusement entre 1991 et 1994)	100 hectares pour les forêts d'épinettes noires; 50 hectares pour les sapinières; 25 hectares pour les forêts feuillues.
Superficie moyenne des coupes au Québec selon l'Ordre des ingénieurs forestiers du Québec (OIFQ)[4]	45 hectares en 1989-1990, mais 67% des coupes de bois dans les forêts d'épinettes noires dépassent les 100 hectares.

4. Document de travail de l'Ordre des ingénieurs forestiers du Québec sur la coupe à blanc (version du 20 janvier 1994).

Mais ne nous fourvoyons pas. *La coupe avec protection de la régénération et des sols reste une coupe à blanc.* Si cette nouvelle méthode diminue l'impact sur les sols et rend moins nécessaire le recours au reboisement, elle ne réduit en rien plusieurs effets négatifs attribués à la coupe à blanc. Par exemple, l'effet de la CPR sur le paysage forestier est pratiquement le même. En outre, comme la régénération préétablie est généralement constituée de sapins, la CPR continuera à favoriser une espèce forestière sensible à la tordeuse des bourgeons de l'épinette. Tout comme la coupe à blanc traditionnelle, la CPR produit donc un écosystème forestier plus fragile. Pour l'effectuer, la machinerie forestière équipée de tête d'abattage multifonctionnelle est préconisée. Cette machine abat, ébranche, tronçonne et empile le bois, qui est ensuite transporté à l'aide d'un porteur jusqu'au chemin de camions. On évite ainsi le débusquage des arbres entiers, de loin l'opération la plus dommageable aux sols et à la régénération présente sur le parterre de coupe. Mais malgré une certaine vogue de cette nouvelle machine, son utilisation semble plafonnée au tiers de tout le bois coupé et est loin de résoudre tous les problèmes.

Ce sont les avantages économiques de la CPR qui expliquent la vogue de cette variante de la coupe à blanc. En effet, cette méthode permet à l'industrie de sauvegarder la repousse préétablie, ce qui lui évite de recourir systématiquement au reboisement pour régénérer les superficies coupées, comme l'exige la *Loi sur les forêts* en vigueur depuis 1987.

Il faut souligner que la réduction des superficies de coupe préconisée dans la *Stratégie de protection des forêts* de 1994 n'exige pas un trop grand effort de la part de l'industrie. Comme l'indique le tableau 1, la superficie moyenne des coupes à blanc n'était que de 45 hectares en 1989-1990. En outre, selon les données de 1994 du ministère des

Ressources naturelles, seulement 47 pour cent des coupes
à blanc dans les forêts d'épinettes noires dépassaient les
150 hectares avant la réduction des superficies. Dans les
sapinières, seulement 48 pour cent des coupes dépassaient
les 100 hectares, la nouvelle limite de superficie. Par ailleurs,
même avec les nouvelles réductions, il demeure possible de
laisser une bande de 100 mètres en guise de séparation entre
les coupes et de couper un autre 100 ou 150 hectares de
forêt. Somme toute, il y a de forts risques qu'il n'y ait guère
d'amélioration du paysage forestier québécois à la suite de
ces mesures.

Un recul dû aux pressions de l'industrie

En 1991, le gouvernement du Québec confiait au Bureau
d'audiences publiques sur l'environnement (BAPE) le mandat d'examiner la *Stratégie de protection des forêts* proposée par
le gouvernement. Axée d'abord sur la question des pesticides
et de la prévention des agents nuisibles, la problématique à
laquelle s'attaqueront les audiences en viendra à englober
tous les problèmes reliés à l'aménagement forestier. À
maintes reprises au cours de ces consultations, les citoyens
ont exprimé leur désir de voir diminuer les aires de coupe à
blanc dans les forêts publiques comme dans les forêts privées.
Dans son rapport, déposé en octobre 1991[5], le BAPE
demandait au gouvernement de se pencher sérieusement
sur ce problème qui préoccupe grandement les citoyens.

---

5. *Les forêts en santé,* Bureau d'audiences publiques sur l'environnement, octobre 1991. Ce rapport recommandait notamment
   d'abandonner le recours aux phytocides pour dégager les plantations
   à partir de 1996, d'améliorer les mécanismes de consultation des
   citoyens en gestion forestière et de revoir les superficies maximales
   de coupe permises.

En effet, d'après un sondage effectué en 1989 par la firme *Environics* pour le compte de Forêts Canada, 8 Québécois sur 10 jugeaient sévèrement les coupes à blanc.

Entre octobre 1991, moment du dépôt du rapport du BAPE, et mai 1994, quand le gouvernement fit connaître sa position sur la réduction des superficies maximales des coupes à blanc, une proposition beaucoup plus restrictive quant à la réduction et à la répartition des coupes à blanc circulait au sein des officines gouvernementales et des *lobbies* industriels. Lors d'une enquête journalistique que j'ai menée au cours de l'été 1993 sur les coupes forestières et l'habitat de l'orignal[6], j'ai en effet pu prendre connaissance d'une proposition gouvernementale de réduction et de répartition des coupes à blanc faite à la fin de 1992, soit un an et demi avant que le ministre libéral des forêts Christos Sirros ne rende publique sa *Stratégie de protection des forêts*.

Dans un texte remis lors de son congrès de mai 1993, l'Association des manufacturiers de bois de sciage (AMBSQ), qui regroupe la majorité des industriels qui font la coupe en forêt, exprime son désaccord avec la proposition gouvernementale de 1992 qui recommandait de réduire la superficie maximale des coupes à blanc à 100 hectares dans les forêts d'épinettes noires, à 50 hectares dans les sapinières et à 25 hectares dans les forêts feuillues. Mais l'industrie en avait surtout contre l'exigence d'une meilleure répartition des coupes, qui allait augmenter ses frais d'exploitation. Par exemple, sur une période de 20 ans, la politique envisagée voulait que les coupes ne dépassent pas 60 pour cent de la superficie forestière totale d'une unité territoriale de 500 kilomètres carrés dans les forêts d'épinettes noires. Cette meilleure répartition des coupes aurait permis de préserver

---

6. Revue *Sentier Chasse-Pêche*, novembre 1994.

la diversité du couvert forestier, favorable à l'orignal et à d'autres espèces fauniques.

Pour comprendre le recul gouvernemental, il faut savoir qu'il y eut d'intenses négociations entre le ministère des Forêts et l'industrie forestière. L'enquête que j'ai effectuée en 1993 m'a révélé qu'au cours de ces négociations, le représentant de l'Association des industries forestières du Québec (AIFQ) sur les questions d'aménagement forestier, Yves Lachapelle, avait de fréquentes rencontres dans les bureaux du ministère. Or, si l'industrie forestière était présente à toutes les étapes de ces négociations, ce n'était pas le cas pour les autres intervenants. C'est par moi que la Fédération québécoise de la faune (FQF), qui regroupe 250 000 chasseurs et pêcheurs, a appris l'existence de cette proposition gouvernementale, qu'elle aurait de toute évidence appuyée. André Pelletier, alors président de la FQF, se montra étonné de ne pas avoir été consulté et déplora la relation trop étroite entre l'industrie forestière et le ministère des Forêts.

Toutes ces tractations qui ont précédé la divulgation de la *Stratégie de protection des forêts* nous montrent très clairement la façon dont l'industrie forestière veille à ses intérêts. Le recul du gouvernement démontre que la qualité des habitats fauniques ne fait pas le poids devant les intérêts économiques de l'industrie et nous rend sceptiques sur les préoccupations environnementales d'une politique forestière qui se targuait d'aller dans le sens du développement durable et de la biodiversité.

Les insecticides en forêt

L'usage des pesticides en forêt a été au Québec l'élément déclencheur d'une prise de conscience collective de l'état de nos forêts. Les débats de 1982 et de 1984 sur les arrosages aériens d'insecticides furent des points tournants, tous deux liés à l'examen par le BAPE d'un programme gouvernemental d'arrosage au fénitrothion, un insecticide chimique, pour lutter contre la tordeuse des bourgeons de l'épinette. À partir d'une discussion sur un insecte, ses effets destructeurs et les méthodes de lutte chimique, on déborda sur la gestion forestière dans son ensemble. Le ministère de l'Énergie et des Ressources et l'industrie forestière se retrouvèrent alors sur la sellette et la critique de la gestion forestière se fit virulente. À y regarder de plus près, on découvrait que le coupable n'était plus la tordeuse, mais une industrie qui avait mutilé la forêt sous l'œil complaisant du gouvernement. Le BAPE remettra son rapport et le gouvernement imposera le recours à un insecticide biologique, le *Bacillus thuringiensis* pour lutter contre la tordeuse des bourgeons de l'épinette. Cette arme biologique est aujourd'hui réputée n'avoir que peu d'impact négatif sur l'environnement, mais seul le temps pourra nous le démontrer. Il arrive souvent, en effet, que les effets négatifs d'un produit ne se révèlent qu'après plusieurs années d'utilisation.

Les débats sur l'usage des pesticides en forêt permettent de constater que la population québécoise réagit beaucoup plus à l'usage de ces substances nocives en forêt que sur les pelouses ou en agriculture. En effet, selon les données les plus récentes du ministère de l'Environnement et de la Faune sur la question[7], seulement 3 pour cent des pesticides sont utilisés en forêt contre 9 pour cent pour usages domestiques, 78 pour cent en agriculture et 6 pour cent dans le secteur industriel. Mais comment reprocher à la population son attachement au caractère naturel de son patrimoine forestier ? D'ailleurs, faut-il répéter en forêt les erreurs commises

---

7 Ministère de l'Environnement et de la Faune, *Bilan des ventes de pesticides au Québec en 1992,* 1995, p. 15.

en agriculture, cela au moment où celle-ci remet en cause ses manières de faire et revient à des méthodes plus respectueuses de l'environnement?

La pollution causée par le reboisement

Notons qu'en foresterie, on parle de phytocides et non pas d'herbicides. Le phytocide permet de combattre les jeunes arbustes, les jeunes arbres et les plantes herbacées, alors que l'herbicide élimine uniquement les herbes.

Peu de gens savent que la vogue des phytocides est un corollaire de l'engouement pour le reboisement. Avant 1983, au Québec, le reboisement était une opération minime par rapport aux coupes effectuées. Jusqu'alors, pour renouveler les forêts, on comptait sur leur régénération naturelle. Par ailleurs, on croyait la ressource inépuisable. Mais en novembre 1983, dans le cadre d'un programme de relance économique du gouvernement du Québec, le premier ministre René Lévesque annonçait un programme gouvernemental de reboisement de 300 millions de plants par année, à mettre en place à partir de 1988. Le Premier Ministre annonçait du même coup que le recours aux phytocides était exclu du scénario. Mais cette interdiction sera très vite reléguée aux oubliettes et la plupart des forestiers oublieront cette déclaration, pourtant explicite, de René Lévesque.

Rappelons que le reboisement ne se limite pas à mettre des arbres en terre. Avant de planter, il faut préparer le terrain avec des machines qui tracent des sillons et tassent les débris de coupe pour rendre la plantation possible. Une fois les jeunes arbres mis en terre, il faut veiller à ce qu'ils puissent pousser. Tout comme le sarclage s'impose dans un potager pour permettre aux légumes de prendre le dessus sur les mauvaises herbes, il importe de dégager une plantation.

Pour des raisons économiques, l'industrie et le gouvernement ont toujours favorisé l'élimination chimique des plantes concurrentes après la mise en terre. Il faudra d'autres pressions populaires pour que le dégagement des plantations se fasse au moyen de méthodes mécaniques. Une telle approche serait plus écologique et permettrait par ailleurs de créer beaucoup plus d'emplois. Mais encore aujourd'hui, pour favoriser les petites épinettes qui ont de la difficulté à percer le couvert formé par les plantes qui leur font concurrence — épilobes, framboisiers, peupliers ou aulnes —, le traitement le plus répandu consiste à utiliser un phytocide par voie terrestre ou aérienne.

Avant le milieu des années 1980, le phytocide utilisé était un mélange de 2,4-D et de 2,4,5-T, qui font partie de la grande famille chimique des organochlorés. Le 2,4,5-T (le célèbre agent orange utilisé au Viêt-Nam) a été retiré du marché après qu'on eût prouvé qu'il contenait des traces de dioxines. Mais les fabricants de pesticides avaient une solution de rechange à offrir aux forestiers. Il s'agit du glyphosate (vendu sous la marque commerciale *Visions,* qui fut dorénavant adopté pour dégager les plantations de conifères. Même si à ce jour, on relève peu d'effets négatifs de ce produit sur l'environnement et sur la santé publique, son innocuité à long terme reste à démontrer.

Par ailleurs, on a pu observer l'impact négatif du dégagement des plantations sur le milieu forestier. La végétation spontanée, qui donne des maux de têtes aux planteurs d'épinettes, ferait partie des mécanismes naturels dont dispose l'écosystème forestier pour maintenir la fertilité des sols. Bormann et Likens[8], deux chercheurs de la Nouvelle-Angleterre, ont publié les résultats d'une série d'expériences

---

8. F.H. Bormann et Gene E. Likens, *Pattern and Process in a Forested Ecosystem,* New York, Springer-Verlag, 1987 (3ᵉ éd.).

sur le sujet. Des blocs de forêts ont été coupés. Sur certains blocs, on a laissé libre cours à la végétation spontanée. À d'autres endroits, on a utilisé des phytocides pour l'éliminer. À l'aide de dispositifs conçus à cet effet, les chercheurs ont pu comparer les résultats quant aux pertes en éléments nutritifs et à l'augmentation de l'érosion. Selon eux, il ne fait aucun doute que la végétation maintient la fertilité et protège le sol contre l'érosion. En effet, après avoir supprimé la végétation trois années de suite à l'aide de phytocides, les chercheurs ont observé une concentration en azote 160 fois supérieure à la normale dans les eaux de ruissellement.

Cette argumentation contre l'usage des phytocides en forêt ne trouve actuellement que bien peu d'écho. Néanmoins, en raison des pressions populaires en faveur du dégagement mécanique des plantations, la *Stratégie de protection des forêts* prévoit l'abandon du recours aux phytocides chimiques d'*ici l'an 2001*. Mais le rapport du BAPE avait recommandé leur élimination dès 1996. Quand nous savons d'autre part que le reboisement diminue d'année en année parce que l'industrie se tourne vers des scénarios forestiers axés sur la régénération naturelle, ce report nous donne une juste mesure de la volonté politique du gouvernement en matière de gestion forestière.

Coupe à blanc-reboisement-pesticides : un cercle vicieux

Replaçons la question des pesticides dans le contexte du présent livre. La philosophie forestière généralement admise au Québec consiste à laisser l'industrie faire ses profits au détriment de la ressource, en demandant à l'État et aux contribuables de payer les pots cassés. Que l'on parle de l'ancienne politique de reboisement visant la mise en terre de 300 millions de plants par année ou de la coupe avec protection de la régénération, cette constatation demeure valable. L'unique préoccupation de l'industrie consiste à accaparer le bois au moindre coût, peu importe si la forêt qui en résulte est plus vulnérable aux insectes ravageurs. Deux siècles d'exploitation forestière au Québec ont conduit à une forêt présentant de plus grandes proportions de sapins, plus vulnérable à la tordeuse des bourgeons de l'épinette, ainsi qu'à des régions déstabilisées par la pénurie de bois.

Mais le problème risque de perdurer, voire de s'amplifier, même si la *Stratégie de protection des forêts* prétend s'attaquer à la prévention des problèmes attribuables aux agents nuisibles. La coupe avec protection de la régénération risque fort de remplacer les pessières actuelles par des sapinières. Tout se passe comme si on voulait nourrir la tordeuse.

Le reboisement et le dégagement chimique des plantations tendent à uniformiser la forêt. En 1987, j'ai visité en Gaspésie de jeunes plantations d'épinettes noires dans le voisinage immédiat de belles érablières entaillées. Ce phénomène se retrouve en maints endroits au Québec. On a fait des plantations monospécifiques dans des secteurs où la nature aurait plutôt installé une forêt mélangée. À l'aide de phytocides ou du dégagement mécanique, on a délogé ce qui pouvait y pousser naturellement, sans se soucier de l'équilibre écologique. Il en résultera une forêt homogène souvent mal adaptée à son environnement. Un insecte méconnu pourrait se découvrir un appétit pour ces jeunes conifères. Au moment où l'on plantait de l'épinette de Norvège dans le Sud du Québec, on ne savait pas encore que le charançon du pin blanc lui causerait des pertes très importantes quelques années plus tard. Aujourd'hui, les forestiers de la Beauce et des Appalaches sont plus réticents à planter cette espèce. Ailleurs au Québec, on utilise un insecticide dans les plantations d'épinettes blanches pour combattre la tordeuse de l'épinette (différente de la tordeuse des bourgeons de l'épinette). Après avoir nécessité des phytocides pour s'établir, ces plantations auront ensuite besoin d'insecticides.

Mais toute cette argumentation est considérée comme fausse tant par l'industrie que par les responsables gouvernementaux de la forêt pour qui notre forêt est par nature une grande monoculture de résineux. À leurs yeux, les écologistes versent dans la désinformation et les journalistes, dans le sensationnalisme. Quant au public, il importe de l'éduquer et de lui enlever sa « mauvaise perception » des coupes à blanc.

Les dessous du discours vert

S'il est un sujet à l'ordre du jour dans l'industrie forestière, c'est bien celui de la certification environnementale. L'industrie forestière québécoise et canadienne exporte les ¾ de sa production aux États-Unis et en Europe, ce qui signifie des ventes atteignant des milliards de dollars. Or un peu partout dans le monde, les consommateurs se posent de plus en plus de questions sur les conséquences environnementales de la production du bois et du papier. Voyant poindre la menace d'une fermeture des marchés, l'industrie forestière, appuyée par les deux gouvernements, réagit en proposant un mécanisme de certification environnementale chapeautée par l'Association canadienne de normalisation (CSA). L'objectif ultime est d'établir des normes internationales sur la « bonne façon de couper les forêts », lesquelles pourraient être reconnues par l'*International Standard Organization* (ISO). En possédant leur propre système de certification environnementale des produits forestiers, l'industrie forestière canadienne et le gouvernement canadien entendent se poser en chefs de file et influencer à leur avantage une éventuelle norme internationale.

Dans le but de formuler ces normes de certification environnementale, la CSA a formé un comité technique au sein duquel, sous la supervision d'un ancien sous-ministre (fédéral et provincial), Jean-Claude Mercier, on a pris bien soin de réunir des gens qui sauront défendre les intérêts de l'industrie. L'absence d'écologistes canadiens crédibles y est patente, ces derniers ayant cru bon de ne pas s'associer à une telle entreprise.

Si l'industrie tient tant à ce moment-ci à mettre sur pied une certification environnementale, c'est bien parce que le *World Wildlife Fund for Nature* (WWF), une organisation environnementale mondiale, vient de créer son propre organisme international de certification des pratiques forestières : le *Forest Stewardship Council* (FSC). En juin 1994, André Duchesne, PDG de l'AIFQ, affirmait à propos de la démarche du FSC que «le Canada n'est pas pleinement satisfait de ce programme, car l'industrie et les gouvernements ne sont pas réellement mis à contribution dans l'élaboration des principes de foresterie durable et des critères de certification...[9]». Il est clair que les industries forestières québécoises et canadiennes veulent tout simplement éviter que des environnementalistes ne viennent leur dire de corriger leurs pratiques forestières. L'Association canadienne des pâtes et papiers a accordé un contrat de près de 1 million de dollars à la CSA pour l'élaboration de normes. Tout porte à croire que l'industrie arrivera à ses fins. Le comité technique de la CSA est composé de gens qui sont plutôt favorables à

9. «La certification des pratiques forestières», présentation d'André Duchesne à l'assemblée générale annuelle de la Fédération des producteurs de bois du Québec tenue à Drummondville le 2 juin 1994.

ses vues. La seule question qui demeure, c'est de savoir si la communauté internationale verra les choses de la même façon. En effet, comment ne pas conclure à un conflit d'intérêts lorsque le plus grand exportateur mondial de produits forestiers au monde fait la promotion de ses propres normes environnementales?

Mais l'incohérence de l'industrie forestière ne se limite pas à la certification, comme le démontrent quelques exemples tirés de l'actualité forestière des dernières années.

– En 1994, l'AIFQ, qui regroupe les papetières, et l'AMBSQ, laquelle est maintenant contrôlée par des scieries appartenant aux papetières, préconisent le recours au fénitrothion pour lutter contre la mouche à scie du pin gris. Il s'agit pourtant d'un produit chimique rejeté par la population québécoise en 1984, au cours des consultations du BAPE. En 1994, soit dix ans plus tard, l'industrie forestière vient dire qu'il lui faut du fénitrothion pour combattre un insecte qui fait des ravages dans les forêts de pin gris de l'Abibiti, de la Mauricie et du Saguenay-Lac-Saint-Jean. Le BAPE dit non à l'industrie. Agriculture Canada, responsable de l'homologation des pesticides au Canada, rend une décision en avril 1995; elle annonce qu'à partir du 31 décembre 1998, il sera interdit d'utiliser le fénitrothion par voie aérienne pour lutter contre les insectes forestiers. Dans ce débat de 1994 sur le fénitrothion, où l'industrie réclamait un produit banni par le BAPE et la population dix ans plutôt, la SOPFIM, une société contrôlée par l'industrie forestière, a mené une bataille d'arrière-garde.

– En 1991, le PDG de l'AIFQ, André Duchesne, fait campagne pour le retour au fénitrothion comme moyen de lutte contre la tordeuse des bourgeons de l'épinette, pour des raisons d'efficacité technique et de coûts d'utilisation ! Les problèmes de santé publique et de qualité de l'environnement engendrés par le fénitrothion ne pèsent pas lourd pour M. Duchesne.

— En 1988, lors d'une commission parlementaire à Québec, l'industrie forestière a défendu l'option du ministère de l'Énergie et des Ressources prônant l'utilisation d'un phytocide chimique, le glyphosate, et du *Bacillus thuringiensis,* sans devoir passer par la procédure d'étude d'impacts et d'audiences publiques. L'industrie sait depuis longtemps que son *lobby* est son outil le plus efficace et qu'elle doit se méfier de la démocratie.

Une « mauvaise perception » de la population

Rappelons que la question de la coupe à blanc fut l'un des principaux points de discussion abordés au cours des consultations du BAPE, en 1991. La population désapprouve cette pratique forestière ; tous les sondages sur cette question le confirment. Si vous consultez des Autochtones, des groupes de pêcheurs, des chasseurs, des villégiateurs et même des forestiers, la critique de la coupe à blanc sera encore plus vive et prendra sûrement le premier rang des préoccupations concernant la forêt. Mais aux yeux de l'industrie et des mandarins forestiers du gouvernement du Québec, le problème de la coupe à blanc n'est attribuable qu'à la « mauvaise perception » de la population. Depuis l'avènement de la coupe avec protection de la régénération, on ira jusqu'à prétendre que la coupe à blanc n'existe plus.

Dans le même ordre d'idée, un comité de la Chambre des communes du Canada publiait en 1994 un rapport intitulé *Le Canada : vers une nation forestière modèle,* qui laisse entendre que malgré ce qu'en pense la population, la coupe à blanc n'est pas un problème au Canada : « Tout compte fait, le Comité en vient toutefois à la conclusion que la coupe à blanc est un régime sylvicole approprié au plan écologique pour la plupart des forêts du Canada. C'est un régime sécuritaire et judicieux sur le plan économique qu'on utilise largement et avec succès sur toute la planète[10]. » Dans le même document, un rapport dissident du Bloc Québécois en rajoute en affirmant que la coupe à blanc n'est un problème que pour la Colombie-Britannique.

Comme nous l'avons vu tout au long de ce premier chapitre, la spoliation de la forêt par l'industrie entraîne sa dégradation, avec les graves conséquences écologiques, économiques et sociales dont j'ai tenté de donner un aperçu. Si quelques améliorations se font sentir quant au respect de l'intégrité écologique de la forêt, c'est le résultat des exercices de consultation que le BAPE a menés à compter des années 1980, lesquels ont contraint l'industrie et le ministère des Forêts à battre en retraite. Mais encore là, force est de constater que les campagnes de relations publiques et les habiles manœuvres du *lobby* industriel minent les quelques gains obtenus. La puissance économique de l'industrie forestière pèse toujours très lourd dans la balance.

---

10. *Le Canada : vers une nation forestière modèle,* rapport du comité permanent des ressources naturelles, Chambre des communes du Canada, juin 1994, p. 24.

CHAPITRE 2

La fortune de l'industrie forestière

> Contemporains des trente dernières années, vous
> avez vu avec quelle rapidité se sont succédé les
> affermages de droits de pêche, droits de chasse,
> droits de mine, concessions forestières, pouvoirs
> hydrauliques, etc., au point qu'aujourd'hui la
> propriété publique ayant quelque valeur est
> presque toute passée aux mains des étrangers[1].
>
> Louis-Philippe Côté
> *L'esclavage au royaume du Saguenay*

UNE GRANDE INJUSTICE saute aux yeux de quiconque
s'intéresse à la forêt: d'une part, l'opulence de l'industrie
forestière et, d'autre part, l'appauvrissement des communautés forestières, les conditions de travail pitoyables en
forêt, le chômage et l'exode rural. Qui pis est, cette situation
alarmante semble malheureusement devoir se perpétuer.
Tout cela dans une industrie qui est le pilier de l'économie
régionale au Québec. En effet, *les produits forestiers représentent environ le quart de toutes les exportations québécoises.*

---

1. « L'esclavage au royaume du Saguenay », propos de Louis-Philippe
   Côté, mesureur de bois, tirés de *Bâtir un avenir pour les
   sylviculteurs de chez nous par le syndicalisme forestier,* Union des
   producteurs agricoles (UPA), 1991, p. 24.

Le papier journal figure toujours au premier rang des produits d'exportation du Québec ; la pâte de bois et le bois d'œuvre ne viennent pas très loin derrière. En 1990, par exemple, les ventes de produits forestiers atteignaient les 8 milliards de dollars.

Les capitaux de l'industrie forestière québécoise sont de plusieurs provenances. Pendant longtemps, ils étaient étrangers : américains et anglais. Ainsi, l'International Paper, un géant américain du papier, a longtemps eu une filiale, la Canadian International Paper (CIP), au Québec. À Québec même, il y eut la Reed Paper, une compagnie dont le siège social est au Royaume-Uni. Puis les capitaux devinrent de plus en plus canadiens et québécois. Abitibi-Price est un bon exemple de compagnie à capitaux canadiens-anglais. Pensons également à l'essor au Québec des Kruger, Donohue, Perron et Cascades. Mais depuis quelques années, on assiste à un retour en force des capitaux étrangers. Les cas les plus frappants sont l'achat de la Consolidated Bathurst par la Stone Container et celui de Reed par la Daishowa, en 1988.

En dehors de quelques initiatives régionales, comme Boisaco, à Sacré-Cœur, au Saguenay, et Tembec, au Témiscamingue, *les décisions industrielles sont prises loin des régions forestières et on ne peut pas dire que le développement régional soit une grande préoccupation de l'industrie.* Ce qui apparaît plutôt, c'est l'exode de l'industrie une fois qu'elle a bâti sa fortune en dilapidant la ressource et en exploitant à fond des générations de travailleurs du milieu rural.

Dans son livre *Une forêt pour vivre,* Léonard Otis, un propriétaire forestier qui a fait sa marque dans le syndicalisme agro-forestier du Bas-Saint-Laurent, fait la constatation suivante : « Que reste-t-il de la Price dans la région ? Où sont les investissements que cette compagnie aurait dû faire pour aider au développement et procurer de l'emploi à ceux qui l'avaient servie depuis longtemps? Ce qu'elle a laissé, c'est une forêt pillée, saccagée, vidée, une région appauvrie et une population au chômage. Il en fut de même pour beaucoup d'autres compagnies et toujours avec la bénédiction des gouvernements en place[2]. » La forêt du Bas-Saint-Laurent ne répond plus à la demande industrielle. En 1995, en raison de la pénurie, on recommence à exploiter la forêt de l'île d'Anticosti pour fournir du bois aux industriels du Bas-Saint-Laurent.

Sous cet angle, nous regardons d'un œil beaucoup plus critique les transactions des compagnies forestières. Lorsque les frères Perron ont vendu leurs importantes scieries de l'Abitibi à Foresterie Noranda, ils ont tiré leurs marrons du feu après avoir pillé les forêts de cette région. La même chose s'est produite lorsque Paul Desmarais a vendu la Consolidated Bathurst à Stone.

Immédiatement après la chute de l'empire soviétique, une mission canadienne rend visite au nouveau gouvernement de Boris Eltsine. Un détail passe alors presque inaperçu : des dirigeants d'Abitibi-Price font partie de la mission et s'intéressent aux gigantesques massifs russes de forêts boréales. Les forêts russes sont encore peu exploitées et le jour n'est peut être pas loin où l'on fermera nos usines, faute d'une ressource rentable, pour aller en ouvrir d'autres là-bas.

Évidemment, nous n'en sommes pas encore là. L'industrie commence à peine à délaisser nos forêts. Traditionnellement, la position unanime de l'industrie forestière était de tenir *mordicus* à ses territoires forestiers pour approvisionner ses usines. Elle s'opposait à l'abolition des concessions forestières et a tenu à les faire remplacer par des

2. Léonard Otis, *Une forêt pour vivre,* Rimouski, UQAR-GRIDEQ, 1989, p. 7.

contrats d'aménagement et d'approvisionnement forestiers. Or, depuis la fin des années 1980, les industries cèdent la place aux scieries, qui ne sont pas toujours leur propriété. La grande industrie préfère maintenant acheter les copeaux des scieries et laisser de petits entrepreneurs et des coopératives faire le travail d'exploitation et d'aménagement de la forêt. L'industrie parle même d'engager la population dans l'aménagement forestier et ne se montre pas trop réfractaire aux fermes forestières. On sait que depuis quelques années, l'aménagement de telles fermes à partir de portions de la forêt publique fait l'objet de revendications populaires dans plusieurs régions du Québec.

Avec un peu de recul, nous constatons que l'industrie montre une certaine tendance à réduire son engagement direct en forêt. Si le *lobby* de l'industrie, avec l'AIFQ en tête, ne se dit pas nécessairement contre le principe des fermes forestières en forêt publique, c'est qu'il y a anguille sous roche. Pendant des décennies, l'industrie s'est approprié les ressources forestières les plus rentables. Une fois la forêt décimée, elle se montre évidemment disposée à laisser à d'autres le soin d'investir pour reconstruire le capital forestier. L'industrie voit juste. À court terme, l'exploitation de la forêt publique québécoise n'est plus rentable ; il faudra y investir et non plus se contenter de récolter. D'autre part, la montée des préoccupations environnementales de la population québécoise et des clients internationaux impose de nouvelles contraintes à l'exploitation forestière. Raison de plus pour sortir du bois : évitons de nous vider les poches et gardons les mains propres !

La mal-mesure du bois

Que la fortune des industries forestières canadiennes et québécoises se soit construite par l'exploitation de la forêt, nous pouvons dire que c'est conforme au modèle économique classique. Que cette richesse soit le résultat de l'exploitation des travailleurs et des ruraux, c'est aussi classique dans le contexte capitaliste d'hier et d'aujourd'hui. Mais qu'une partie des profits réalisés par l'industrie proviennent de la mal-mesure du bois, c'est là un phénomène beaucoup moins connu sur lequel il importe de nous pencher.

Depuis toujours, le mesurage du bois est source de conflit entre l'industrie et ses travailleurs d'une part, et les producteurs de bois indépendants d'autre part. Pour bien comprendre de quoi il retourne, il faut savoir que l'industrie paie son bois au volume lorsqu'elle l'achète de la forêt privée, alors qu'en forêt publique, les travailleurs forestiers sont encore souvent rémunérés au rendement. Les compagnies paient également les propriétaires de machinerie forestière en fonction du rendement de leur équipement. C'est ce qui explique que les mesureurs de bois payés par l'industrie, bien qu'ils soient accrédités par le gouvernement, ont une curieuse tendance à sous-estimer le volume de bois : il y a trop de carie, le bois est trop sec, il a été endommagé par la tordeuse des bourgeons de l'épinette, l'empilement est mal fait... Selon un vieux dicton des travailleurs forestiers, « Tu bûches onze cordes de bois ; dix sont pour toi et la onzième est pour les voleurs ! »

Mais ce n'est pas sur cet aspect des conditions de travail en forêt que je veux insister ici. Mon objectif est plutôt de montrer comment les compagnies ont sous-déclaré les volumes de bois prélevés en forêt publique de façon à diminuer les droits de coupe versés à l'État. Pour comprendre les racines de ce phénomène, jetons un regard sur la lointaine histoire forestière. Guy Gaudreau, historien de l'Université Laurentienne de Sudbury, en Ontario, fait la constatation suivante :

> La société québécoise a payé très cher le développement de l'industrie papetière sur son territoire. De généreuses subventions ont été versées aux entreprises par l'État québécois. Elles ont pris la forme de dérogations et de modifications techniques aux règlements. L'utilisation puis la généralisation des règles de mesurage du sciage dans l'industrie papetière ont signifié que plus d'une corde de bois à pâte sur deux a été littéralement donnée aux entreprises. Le domaine public, qui constitue une richesse collective, n'aura profité qu'à quelques-uns[3].

Gaudreau parle ici de la période de 1902 à 1945 pendant laquelle des entrepreneurs au service de l'industrie forestière faisaient passer le bois destiné à la pâte pour du bois de sciage. La pratique, bien que connue du gouvernement, était tolérée. Notons qu'à la fin du XIXe siècle, c'est l'industrie du sciage qui dominait dans les forêts québécoises.

Cette pratique qui consiste à faire passer du bois à pâte pour du bois de sciage paraît anodine. Mais elle représente des économies évaluées à 40 pour cent. Comment cela se peut-il? Tout d'abord, on mesure le bois destiné au sciage en pied mesure de planche[4] (unité de mesure de l'industrie du sciage encore en vogue en Amérique du Nord). Fait

---

3. Guy Gaudreau, «L'État, le mesurage du bois et la promotion de l'industrie papetière», *in Revue d'histoire de l'Amérique française,* vol. 43, n° 2, automne 1989, p. 215.

4. Un pied mesure de planche équivaut à une planche étalon de 1 pied de long par un pouce de large et un pouce d'épaisseur. On calcule généralement en mille p.m.p. dans l'industrie. Au début du siècle, l'industrie papetière payait ses droits de coupe en p.m.p. Dans ce système, elle ne paie rien pour la portion du cylindre de l'arbre qui n'est pas carrée. On enlève la partie arrondie et ce qu'on perd du fait qu'un tronc d'arbre a un bout plus petit que l'autre. Tout cela est logique si l'industrie qui paie le droit de coupe était une scierie. Mais on appliquait cette mesure aux papetières.

intéressant pour l'industrie du sciage de l'époque, les droits de coupe touchaient seulement la portion du volume brut qui pouvait être transformée en bois d'œuvre. Mais ne perdons pas de vue que la vraie destination restait la pâte, où le bois est entièrement utilisé. L'industrie payait donc des droits de coupe sur une partie seulement du volume utilisé.

Faut-il tenir pour acquis que la situation est différente aujourd'hui ? L'industrie paie probablement plus équitablement l'État pour le bois qu'elle coupe en forêt. Cependant, des travailleurs forestiers me signalaient récemment le problème qui se pose avec les nouvelles machines munies de têtes multifonctionnelles. Cette toute nouvelle technologie a été conçue en Scandinavie : la machine coupe, ébranche et tronçonne l'arbre en billots de la longueur voulue. Un système de mesurage électronique relié à un ordinateur est intégré à la machine, ce qui permet à l'opérateur de comptabiliser automatiquement sa production journalière. Or, selon mes informations, les représentants des compagnies, présumant que cette technologie surestime le volume, ont modifié à la baisse le système automatique de mesurage. Ce qui étonne les travailleurs forestiers, c'est que leurs employeurs semblent convaincus qu'il y avait une surévaluation du bois récolté. Faut-il en conclure qu'un mètre cube de bois suédois serait plus gros qu'un mètre cube de bois québécois ?

Dans ce contexte, on comprendra que l'Association des propriétaires de machineries forestières, dont le siège est à Chicoutimi et qui regroupe présentement quelque 240 membres, trouve que le mesurage est de plus en plus difficile à vérifier. Les compagnies introduisent des systèmes de mesurage masse-volume à l'usine. C'est à l'usine que le bois est pesé et qu'on fait la conversion en volume pour payer le propriétaire de la machinerie.

Abitibi-Price : la construction d'un empire[5]

Les compagnies forestières du Québec ne sont pas devenues géantes du jour au lendemain. Elles ont derrière elles toute une histoire d'exploitation des ruraux et de pillage des ressources.

L'histoire d'Abitibi-Price, le plus grand fabricant de papier journal au monde, commence avec William Price, qui quitte l'Angleterre, en 1810, pour s'établir à Québec à titre de commis au sein d'une compagnie de commerce anglaise approvisionnant la marine britannique en bois destiné surtout à la construction navale. Price quittera ce poste pour constituer sa propre entreprise. Vers 1850, il possède déjà une quarantaine de scieries au Saguenay, de Bersimis à la Petite-Rivière-Saint-François et sur la rive Sud du Saint-Laurent, de Cap-Chat à Montmagny[6]. Price est alors le cinquième exportateur canadien de madriers.

En 1876, William Price achète la Seigneurie du lac Métis, où un projet de forêt modèle et de métayage est en cours. Mais, en règle générale, il ne sert à rien d'acheter des terres forestières, car l'accès aux terres de la Couronne est très facile. Voici ce qu'écrit Louise Dechêne en 1968 :

> Lorsque Price s'intéresse à une forêt, il y envoie d'abord des
> éclaireurs qui repèrent les pinèdes, font bûcher une clairière

5. Cette section se réfère à une série de brochures intitulée *La colonisation pour le bois,* rédigée par le Groupe de recherche en histoire, qui a travaillé en collaboration avec Opération-Dignité I, dans la vallée de la Matapédia. On trouve les informations sur William Price dans le numéro 5, publié en mars 1978, qui a pour titre *Un représentant du grand capital dans le commerce du bois: William Price.* Ce groupe s'était fortement inspiré d'un article de Louise Dechêne paru dans *Histoire Sociale,* avril 1968, pp. 16-52.

6. Jean Désy, *Des forêts, pour les hommes et les arbres,* Montréal, Éditions du Méridien, 1995, p. 62.

et posent des écriteaux à son nom, ce qui lui donne un droit de préemption. Il s'agit alors de ne rien ébruiter avant d'être prêt à faire chantier car si les concurrents ne sont pas alertés, il est inutile de prendre un permis de coupe. Ceux-ci s'intéressent-ils au même territoire, Price paie alors les droits de coupe pour la quantité minimum exigée par la loi[7].

Grâce à ce système, Price et deux autres concessionnaires contrôleront 87,7 pour cent des territoires forestiers du Bas-Canada.

D'abord axées sur le commerce du bois et les scieries situées sur la rive Sud du Saint-Laurent et dans le Saguenay, les activités de Price se diversifieront pour s'ouvrir au tournant du siècle à la pâte à papier. En 1901-1902, l'industriel achète l'usine de pâte de Jonquière, augmente la capacité de l'usine et se lance dans la production du carton. En 1909, il y installe une machine à papier. En 1913, il se met à exploiter une nouvelle usine, à Kénogami. À la même époque, il achète une autre usine de pâte à papier à Péribonka, ainsi que celle de Val-Jalbert. Il laissera les usines se délabrer, les fermera et récupérera les réserves forestières.

Puis la diversification s'étendra au papier journal. Entre 1932 et 1937, Price Brothers enregistrera des pertes. Mais de 1939 à 1958, les profits reviennent[8]. Une étude sur les papetières effectuée en 1947 à la Bourse de Montréal indique que les profits se sont accrus de 621 pour cent depuis 1939. Vers 1960, Price Brothers est la troisième papetière du Québec. En 1961, la compagnie prend le contrôle de l'Anglo-Newfoundland Development Company, qui opère

---

7. Louise Dechène, citée par le Groupe de recherche en histoire, *op. cit.*, p. 7.

8. Jean-Pierre Charland, «Les pâtes et papiers au Québec: 1880-1980», document de l'Institut québécois de recherche sur la culture, pp. 99, 138 et 144.

une usine de pâte à Grand Falls et une autre à Chandler, en Gaspésie, laquelle sera bientôt convertie en usine de papier journal en association avec le *New York Times*.

> En 1974, l'Abitibi Paper Company prend le contrôle de la compagnie Price, à la grande surprise des milieux financiers. L'Abitibi exploitait l'usine de Beaupré, près de Québec, mais ses opérations se concentraient surtout en Ontario. L'Abitibi-Price devient le premier producteur de papier journal au Canada, détrônant la CIP[9].

Les déboires de la compagnie mère, Olympia and York, ont certainement eu un effet au cours des années récentes. Mais en 1994, Abitibi-Price affichait un regain de vigueur et annonçait, notamment, la modernisation de son usine de Beaupré.

Des fortunes colossales tirées de la forêt

Le professeur Léo-Paul Lauzon publiait à l'automne 1995 une nouvelle étude sur la rentabilité de l'industrie forestière canadienne entre 1983 et 1993[10]. Cette étude s'intéresse aux 22 compagnies papetières canadiennes les plus importantes et fait des comparaisons avec les industries papetières américaines et scandinaves. Pour le Québec, la recherche porte sur Domtar, Abitibi-Price, Avenor, Cascades, Foresterie Noranda, Stone Consolidated, Donohue, Quno, Scott Paper Ltd (Canada), Tembec, Rolland et Malette.

Entre 1983 et 1993, les 22 compagnies papetières canadiennes les plus importantes ont affiché :

---

9. Jean-Pierre Charland, *op. cit.*, p. 145.

10. Léo-Paul Lauzon, « Analyse socio-économique : L'industrie papetière canadienne (1983-1993) », rapport publié par le comité conjoint UQAM-CSN-FTQ dans le cadre des Services aux collectivités de l'UQAM, 1995.

- des ventes atteignant 209 milliards de dollars canadiens ;

- des investissement de 21 milliards de dollars canadiens, somme jugée insuffisante par l'auteur de l'étude, étant donné le retard technologique des compagnies canadiennes par rapport aux industries scandinaves et américaines ;

- des bénéfices nets de 2,5 milliards ayant généré des flux monétaires de 15,5 milliards. *(Le flux monétaire est la différence entre les entrées et les sorties de fonds. Selon Léo-Paul Lauzon, celui-ci donne un meilleur aperçu de la rentabilité, car les manœuvres comptables ont été retranchées) ;*

- des dividendes versés aux actionnaires de 2,32 $ par dollar de bénéfice net, tandis que les papetières scandinaves et américaines payaient respectivement 0,47 $ et 0,57 $ par dollar de bénéfice net ; pour les onze années étudiées, les 22 papetières canadiennes ont versé 3,26 milliards de dollars en dividende ; selon Léo-Paul Lauzon, « la totalité des bénéfices de ces firmes ont été engloutis en dividendes » ;

- un actif total de 32 milliards de dollars en 1993, pour un endettement global correspondant seulement à la moitié des ventes annuelles.

En 1994 et 1995, l'industrie papetière québécoise a encore le vent dans les voiles : « Le bénéfice de Foresterie Noranda a plus que doublé au cours du troisième trimestre 1995, atteignant les 67 millions, contre 28 millions au cours de la même période l'an dernier. Le bénéfice comprend notamment un gain après impôts de 14 millions provenant de la vente de la participation de Foresterie Noranda dans l'usine de papier journal Donohue Normick. Le bénéfice des neuf premiers mois a atteint 171 millions, contre 82 millions pendant la même période l'an dernier[11]. » Par ailleurs, « Cascades se dirige vers une année record au plan des bénéfices et déposera en fin de semaine une offre d'achat pour l'acquisition d'installations de production de papiers tissus et hygiéniques situées aux États-Unis[12] ». Cascades affiche un chiffre d'affaires de 561 millions pour le seul premier trimestre de 1995. Cette compagnie, qui sollicitait jadis l'aide de l'État pour mettre ses usines sur pied, emploie 7000 travailleurs et possède 70 usines au Canada, aux États-Unis et en Europe. En 1994, son chiffre d'affaires était de 1,7 milliard de dollars. Une de ses filiales au Québec, Rolland, fabricant de papiers fins établi dans les Laurentides, au nord de Montréal, a vu ses bénéfices bondir de 700 pour cent en 1994!

Les affaires vont tellement bien que Domtar vient de renoncer à une aide gouvernementale de 85 millions de dollars pour moderniser son usine de Lebel-sur-Quévillon. À la fin de 1994, les liquidités de cette compagnie atteignaient 500 millions de dollars.

Le discours de crise de l'industrie papetière

Certes, l'industrie forestière traverse à l'occasion des crises, légères, moyennes ou profondes. Outre la crise majeure de 1929, plusieurs autres perturbations l'ont affectée : 1955, 1970, 1976, 1982 et 1990. Mais disons que ses représentants se montrent fort habiles à les exploiter.

L'industrie forestière québécoise est orientée vers l'exportation, donc directement soumise aux soubresauts de

11. « Bénéfice pour Foresterie Noranda », *Le Devoir,* 21-22 octobre 1995.

12. *Le Soleil,* 12 mai 1995.

l'économie mondiale. De plus en plus, l'économie échappe au contrôle des États et encore plus des populations. On parle de plus en plus de paradis fiscaux, de zones franches, de marché mondial. On s'en remet de plus en plus aux dires des industriels sur les conditions du marché, sur la concurrence, sur la comparaison des coûts de production. Cela comporte des risques, car l'intérêt même de ces magnats peut les pousser à colorer la vérité, pour ne pas dire plus.

N'oublions pas que les crises font partie intégrante de notre système économique. C'est la théorie des cycles, des hauts et des bas dans la consommation, la production et les profits. Le politologue français Wladimir Andreff[13] s'est intéressé au comportement des multinationales devant les crises. Selon lui, celles-ci, à cause de leur connaissance comparée des coûts de production dans le monde et de l'état du marché, réussissent à tirer leur épingle du jeu en période de crise et à reporter les contraintes sur autrui. Sur le plan politique, Andreff explique que les multinationales ont tendance à laisser croire qu'elles traversent elles aussi une crise pour négocier plus facilement des concessions de la part des partenaires en cause : État, syndicats ou environnementalistes.

Le discours de crise des méga-entreprises apparaissait au grand jour lorsque Léo-Paul Lauzon affirma, en 1992, que l'industrie papetière avait délibérément exagéré ses propres difficultés du début des années 1990 afin d'obtenir des concessions des gouvernements, des écologistes et du mouvement syndical. Cela se passait lors du congrès de l'Ordre des ingénieurs forestiers du Québec tenu à Saint-Georges

13. Wladimir Andreff, *Les multinationales hors la crise,* Paris, Le Sycomore, 1982.

de Beauce, à l'automne 1992[14]. Léo-Paul Lauzon reprit les résultats de la première étude qu'il avait effectuée (avec l'aide financière de *Greenpeace*) sur la situation financière de l'industrie papetière canadienne[15].

Les années 1989, 1990 et 1991 sont réputées avoir été les plus catastrophiques pour l'industrie papetière canadienne. Pourtant, au cours de cette même période, les 15 plus importantes compagnies papetières canadiennes ont versé près de 1 milliard de dollars en dividendes à leurs actionnaires! Ces données concordent avec les résultats obtenus par Léo-Paul Lauzon, dont j'ai fait état précédemment.

Une étude sur la situation financière de l'industrie papetière, commandée par l'Association canadienne des pâtes et papiers à Price Waterhouse, un bureau réputé d'experts-comptables, révèle que l'industrie papetière canadienne a versé 5,5 milliards de dollars aux gouvernements en 1991. Mais, selon Léo-Paul Lauzon, sur ce montant, 3,9 milliards représentent en fait des taxes et des impôts prélevés sur les salaires de leurs employés! Cette étude de Price Waterhouse mettait l'accent sur les trois pires années de l'industrie papetière. L'étude de M. Lauzon, pour sa part, scrutait la situation financière de celle-ci sur une période de onze ans. Le professeur de comptabilité se fit intraitable: le versement des dividendes permet de comprendre les soi-disant difficultés financières de l'industrie. Les compagnies papetières canadiennes font partie, pour la plupart, de grands conglomérats industriels. Abitibi-Price, par exemple, appartient à Olympia and York et Produits

---

14. Ces lignes s'inspirent d'un texte publié dans le numéro de novembre-décembre 1992 du magazine *Franc-Vert*.

15. Voir cette étude de Lauzon que j'ai citée dans l'introduction de ce livre.

forestiers Canadien Pacifique à Canadien Pacifique. (Les actifs de PFCP ont été vendus depuis). Or, ces conglomérats ont tous connu des difficultés financières. Pour se renflouer, ils ont littéralement siphonné leurs filiales papetières par le truchement des dividendes.

Ce n'est pas contre « ces émissions de dividendes à la tonne » en période de crise que M. Lauzon s'insurge, mais contre le fait que l'industrie quémande en même temps des concessions à l'ensemble de ses partenaires sociaux. Elle cherche, par exemple, à obtenir des réductions des prix de l'électricité et des droits de coupe ; à réduire les salaires en usine et le prix du bois accordé aux producteurs de la forêt privée ; à faire réduire la réglementation environnementale ou à retarder son entrée en vigueur. Comme le chante Sylvain Lelièvre, « La récession, c'est votre rengaine ».

L'industrie canadienne et québécoise des produits forestiers est loin d'être à plaindre. Et pourtant, nous continuons de faire des compromis en faveur de ces magnats, dont la fortune se fait encore aujourd'hui aux dépens de l'environnement forestier, des travailleurs forestiers, du milieu rural et de la population en général.

CHAPITRE 3

Le dernier des métiers

> Dans nos chantiers, de véritables forçats travaillent
> jusqu'à 16 heures par jour pour gagner à peine leur
> nourriture, parfois même ils restent en dette envers la
> compagnie pour laquelle ils se sont morfondus durant
> des mois. Dans certains camps, ils couchent sur des
> branches, sous des toits qui font eau, la vermine les
> torture et ils reçoivent une nourriture inqualifiable [...].
> Les bûcherons doivent acheter à deux ou trois fois leur
> valeur les vêtement et les instruments dont ils ont be-
> soin ; on leur fait payer 5 $ pour aller au camp et en
> revenir ; on leur fait payer pension les dimanches et les
> jours de fête[1].

Albert Rioux

AVEC DE TELS ANTÉCÉDENTS, comment s'étonner
qu'encore aujourd'hui on considère comme normal que les
conditions de travail en forêt soient difficiles ? Au début des
années 1980, dans le cadre d'un mémoire de fin d'études
en foresterie, je me suis intéressé à la santé et à la sécurité du
travail en forêt. Vers cette époque, plusieurs syndicats de
travailleurs forestiers ont fait une grève de neuf mois pour
tenter d'améliorer leurs conditions de travail. Ils reven-
diquaient en particulier l'abandon du salaire au rendement
qui, dans tous les secteurs du travail, est réputé favoriser les
accidents.

---

1. Propos d'Albert Rioux prononcés vers 1934 et cités dans *Bâtir un
avenir pour les sylviculteurs de chez nous par le syndicalisme forestier*,
document utilisé pour une session de formation de l'UPA, 1991, p. 23.

Au cours des années 1990, la mécanisation des opérations de coupe a beaucoup progressé en forêt. Aujourd'hui, les deux tiers de toute la coupe mécanisée se font selon un scénario de production réunissant trois machines : l'abatteuse, la débusqueuse et l'ébrancheuse. La machine équipée d'une tête multifonctionnelle et jumelée à une autre qui transporte le bois occupe la portion restante. Les travailleurs forestiers qui opèrent ces machines sont de plus en plus souvent rémunérés à l'heure, mais leurs propriétaires reçoivent toujours pour leur équipement un taux proportionnel au volume. D'autre part, le travail à la scie à chaîne n'est pas complètement disparu.

Les conditions de travail dans la coupe du bois varient beaucoup d'un endroit à l'autre. Il y en a encore qui triment avec leur scie à chaîne, tandis que d'autres poussent des manettes et font travailler leur géant d'acier. Les travailleurs forestiers syndiqués se font de plus en plus rares. Beaucoup ont de la peine à travailler assez longtemps pour être admissibles à l'assurance-chômage. Dans le cadre d'un article publié dans *Forêt conservation*[2], j'ai appris que des travailleurs forestiers du Bas-Saint-Laurent-Gaspésie s'injectaient de la cortisone pour pouvoir continuer à travailler malgré une blessure. Le contexte général de l'emploi et la rareté du travail en milieu rural exercent ici une forte pression.

Du côté de la coupe entièrement mécanisée qui s'effectue dans les chantiers nordiques, les conditions de travail sont généralement meilleures. Mais là encore, tout n'est pas rose, car les camps forestiers y sont de plus en plus rares, ce qui force les travailleurs forestiers à voyager de longues heures matin et soir pour se rendre au travail. D'où la mise sur

---

2. La présente section s'inspire de mon article intitulé « Le dur métier de coupeur de bois », *Forêt conservation,* mars 1991.

pied de véritables camps de fortune. En outre, dans la coupe mécanisée, l'entretien et la réparation des machines augmentent les risques d'accident. Les travailleurs forestiers, les propriétaires d'équipement et les sous-traitants sont contraints d'effectuer rapidement ces réparations parce que la machinerie est payée au rendement.

Le développement de la sous-traitance est allé de pair avec la mécanisation. Les compagnies forestières ont invité les travailleurs forestiers à acquérir des machines qui coûtent souvent plusieurs centaines de milliers de dollars. Il est à noter que malgré la mécanisation des opérations, l'exploitation forestière conserve sa réputation de pire secteur pour les accidents du travail au Québec: 24 pour cent des travailleurs forestiers ont déclaré des accidents en 1988, comparativement à une moyenne de 6 pour cent dans les autres secteurs de travail et à 4 pour cent chez les opérateurs de machinerie des autres secteurs industriels. Les accidents étaient encore plus nombreux autrefois; la mécanisation a nettement réduit leur nombre, mais pas leur gravité.

À la fin de 1991, l'Institut de recherche en santé et en sécurité du travail (IRSST) publiait un rapport-choc sur la santé et la sécurité dans les opérations forestières mécanisées[3]. Les nombreux accidents de travail en exploitation forestière sont attribuables aux conditions de la sous-traitance qui y a pris une place importante. Eux-mêmes travailleurs forestiers, les sous-traitants sont financièrement coincés; il doivent rogner sur leurs dépenses pour joindre les deux bouts, ce qui affecte les conditions de travail. Les sous-traitants absorbent les coûts d'une machinerie inadaptée aux rudes conditions du terrain et aux exigences d'un

---

3. Je reprends ici les grandes lignes de mon article intitulé «Santé et sécurité: un dossier difficile», *La Terre de chez nous,* du 29 août au 4 septembre 1991, p. 5.

rythme de travail effréné. Enfin, les compagnies forestières reportent sur eux la charge d'adapter les méthodes de coupe mécanisée aux exigences de la *Loi sur les forêts.*

Au Québec, ces opérateurs de machinerie forestière étaient au nombre de 6000 en 1991, au moment où l'équipe de l'IRSST a interviewé 73 d'entre eux dans les régions de la Gaspésie, du Saguenay, du Lac-Saint-Jean, de la Côte-Nord et de la Haute-Mauricie. Cette équipe a visité des entreprises qui participaient volontairement à l'étude. On peut donc supposer que la situation générale du travail mécanisé en forêt était bien pire que le portrait obtenu à partir de ces entreprises, ce que confirme d'ailleurs l'actualité récente. Douze décès et douze accidents graves sont survenus en 1994 dans le secteur forestier. En raison de la sous-traitance, seulement quelques-uns de ces cas étaient couverts par la Commission de la santé et de la sécurité du travail (CSST)[4].

Selon cette étude menée en 1991, les opérateurs de débusqueuse risquent plus que les autres travailleurs des chantiers mécanisés de subir un accident. L'attachage et le détachage des arbres, partie intégrante de leur travail, sont des opérations particulièrement dangereuses. La sous-traitance pousse même certains d'entre eux à travailler de nuit avec une débusqueuse à câbles, une hérésie évidente en matière de sécurité au travail.

Les conditions de travail dans le reboisement

Les conditions de travail des reboiseurs ont fait couler beaucoup d'encre à la fin des années 1980. Le fait qu'il y ait eu décès deux années de suite a alerté l'opinion publique.

---

4. Michel Corbeil, «La forêt meurtrière», *Le Soleil,* 17 septembre 1995.

UNE TÂCHE PÉNIBLE [5]

FERNAND BEAULIEU a travaillé 10 ans en forêt, près de Rimouski. «Je ne suis plus intéressé, même si j'ai aimé travailler en forêt. Donnez-moi des journées normales de huit heures de travail et un salaire de 600 $ par semaine, et j'y retourne demain matin», explique-t-il. M. Beaulieu a commencé à travailler en forêt à l'âge de 17 ans. Il y a cinq ans, il a décidé ne plus y retourner. Il n'avait alors que 27 ans.

Lui et ses compagnons se rendaient travailler en forêt pendant 14 semaines. «On cherchait les gros "timbres"» (semaines de travail admissibles aux prestations d'assurance-chômage), dit-il. Cela signifie qu'il faut trimer durement afin d'augmenter la moyenne du salaire hebdomadaire au rendement, qui influence directement le calcul des prestations d'assurance-chômage et donc le revenu annuel du travailleur.

En forêt, Fernand Beaulieu travaillait entre 10 et 12 heures par jour. Pendant les dernières années, il abattait à la scie à chaîne des arbres qu'une débusqueuse transportait ensuite jusqu'au chemin forestier. Auparavant, il tronçonnait à la scie à chaîne des arbres en billots de huit pieds, qu'il devait ensuite corder à la main. Il empilait ainsi dix cordes de huit pieds par jour, l'équivalent d'un voyage de camion. «Moi qui pèse

---

5. Ce texte a été jugé impubliable par la CSST. À l'origine, il devait être inclus dans un dossier journalistique que j'ai rédigé pour la CSST et qui a pour titre «Quand la concertation vire au vert», publié au printemps 1994 dans *Prévention au travail*.

normalement 150 livres, j'en pesais seulement 130 dans les chaleurs de l'été. Il ne restait que le "frame" », explique-t-il. Et il s'agirait là d'un travail forestier normal au milieu des années 1980, non pas d'une histoire ancienne.

Notre homme se dit chanceux de ne pas avoir eu de problèmes de santé. «J'ai toujours eu un bon dos», dit-il. Il n'a jamais non plus été victime d'accident grave. À moins d'une heure de route, son travail était près de chez lui. «Ceux qui viennent de plus loin sont obligés de se "batcher" », c'est-à-dire d'assurer leur nourriture et leur logement. Il a connu des travailleurs forestiers qui vivaient dans un autobus scolaire transformé en roulotte, qui se lavaient au ruisseau et emmenaient sur place leur nourriture pour la semaine. Selon ce travailleur de la forêt, «même nos pères avaient mieux dans les camps en bois rond de la Côte-Nord. Au moins, ils avaient un "cook"!».

Même si les accidents de travail mortels sont relativement fréquents, ceux-ci ont de quoi surprendre dans le secteur du reboisement. En 1990, au cours de mon enquête sur la question, j'ai découvert l'état lamentable des conditions de vie et de travail dans ce secteur : hébergement sous la tente pendant de longues semaines, frais supplémentaires illégaux (jusqu'à 100 $ par semaine), installations sanitaires laissant à désirer, non-respect des normes minimales de travail, travail sept jours par semaine[6]. Dans un campement, par exemple, les reboiseurs devaient payer la location du filet

---

6. Pour plus de détails, voir mon article intitulé «Planteurs blancs d'Amérique», *Le Soleil,* du 9 au 12 juillet 1990.

de volley-ball à leur employeur. D'autres devaient acheter de l'employeur le plancher de bois qu'ils devaient obligatoirement mettre sous leur tente et payer pour le faire transporter d'un endroit à l'autre. Les conditions de vie et de travail dans le reboisement ressemblaient alors à ce que les bûcherons ont connu vers la fin des années 1950, avant l'essor de la syndicalisation.

La situation du travail forestier en forêt privée[7]

En forêt privée également, le tableau de la santé et de la sécurité du travail est plutôt sombre : le port de l'équipement de protection est négligé, la formation est déficiente et les travailleurs méconnaissent leurs droits.

Le travail en forêt privée diffère du travail en forêt publique. D'abord, la mécanisation y est moins présente. Chaque année, le travail à la scie à chaîne est à la source d'un grand nombre d'accidents. En outre, la forêt privée est le monde de l'entreprise familiale et des groupements forestiers. Selon la CSST, la majorité des travailleurs forestiers de la forêt privée méconnaissent leurs droits. La loi exige que l'employeur fournisse gratuitement l'équipement de protection individuelle (gants, bottes, pantalons, visières et bouchons). Pourtant, il est encore courant que les entreprises fassent payer ce matériel aux travailleurs.

Il ne faudrait pas passer sous silence le travail au noir qui, selon toute vraisemblance, est très répandu en forêt privée. Parfois, c'est le propriétaire lui-même qui profite d'une période de chômage, pendant laquelle il reçoit une indemnisation, pour produire son bois. Dans d'autres cas, ce sont les travailleurs forestiers qui offriront leurs services

---

7. Source : Pierre Dubois, « Santé et sécurité du travail en forêt privée : Un bilan peu reluisant », *Forêt de chez nous,* septembre 1992.

en période de chômage ou d'aide sociale. Ces situations profitent à plusieurs. Il est facile de pointer du doigt les travailleurs. Mais il faut aussi comprendre que cette production clandestine permet à l'industrie de payer son bois moins cher.

Un travail sous-payé

Pour un producteur indépendant, le prix qu'il obtient pour son bois devient en quelque sorte son salaire. Dans le monde agricole et en forêt privée, il existe des plans conjoints qui consistent en une mise en marché collective du bois, l'équivalent des conventions dans le syndicalisme ouvrier. Depuis le début des années 1990, l'industrie forestière québécoise clame qu'il faut «libéraliser» le marché du bois au Québec. Les associations industrielles ont répété ce *credo* lors du récent Sommet sur la forêt privée. Influencées par la tendance à la mondialisation des marchés, les organisations syndicales de la forêt privée sont en train de se laisser convaincre qu'il leur faut remettre en question les plans conjoints de mise en marché du bois. À la suite du Sommet, les organisations de propriétaires, les syndicats et les groupements forestiers sont appelés à devenir des partenaires de l'industrie. Mais lorsque l'industrie forestière aura investi en forêt privée, le risque est grand que les augmentations de prix pour le bois soient plus difficiles à obtenir. La forêt privée devra alors évaluer si l'industrie forestière est sa partenaire ou son adversaire.

Depuis les années 1950, les plans conjoints ont tout juste permis aux producteurs de bois de la forêt privée de maintenir les prix qu'ils reçoivent des industriels. Au début de l'instauration des plans conjoints, entre 1956 et 1963, le système avait des failles dont les papetières ont su profiter. Si bien que le prix du bois en dollars constants diminuait de 0,4 pour cent par année. Depuis, les plans conjoints n'ont donné aux producteurs qu'une augmentation annuelle de 0,1 pour cent[8]. C'est donc dire qu'ils permettent seulement d'équilibrer les forces sur le marché du bois au Québec. C'est sûrement le marché du bois lui-même qu'il faut regarder de près. D'un côté, il y a les vendeurs de matière ligneuse, soit 40 000 producteurs de bois, incluant aussi bien ceux qui ne vendent que quelques mètres cubes que ceux qui en vendent des milliers chaque année. De l'autre, il y a l'industrie forestière qui achète le bois : une vingtaine d'entreprises dans les pâtes et papiers et une centaine dans l'industrie du bois de sciage, sans compter celles qui sont intégrées verticalement dans les deux domaines. Il y a plus d'acheteurs dans les régions du Sud du Québec. Mais là encore, les acheteurs de bois sont toujours beaucoup moins nombreux que les vendeurs.

À cette situation de concentration des acheteurs de bois vient s'ajouter un autre facteur majeur pour exercer une pression à la baisse sur les prix du bois de la forêt privée. Rappelons-nous qu'au Québec, 90 pour cent du territoire forestier est propriété de l'État ; or, ce dernier a établi des contrats d'aménagement et d'approvisionnement forestiers pour toutes les usines de transformation. À vrai dire, seules quelques petites scieries de village n'ont pas accès à la forêt publique.

Pour les producteurs de la forêt privée, les droits de coupe que le gouvernement exige de l'industrie en forêt publique sont ridiculement bas. Le 19 janvier 1995, le ministre des Ressources naturelles, François Gendron, décidait de les hausser de 31 pour cent, les faisant passer à 6,38 $ le mètre

---

8. Solange Nadeau, «L'étude du mouvement des prix du bois à pâte issu de la forêt privée : une perspective d'économie politique», communication faite au congrès de l'ACFAS, Rimouski, mai 1994.

cube en moyenne, puis à 7,38 $ le 1er avril 1995. Les droits de coupe au Québec restent cependant les plus bas en Amérique du Nord, sans parler de la remise de 40 pour cent des droits de coupe accordée à l'industrie si celle-ci exécute les travaux sylvicoles prévus dans son CAAF.

PQ et PLQ, la même politique

Afin de rééquilibrer le marché du bois, les représentants de la forêt privée québécoise demandent au gouvernement d'exiger des industriels qu'ils donnent la priorité au bois de la forêt privée pour approvisionner leurs usines. Dans un *Livre blanc sur les forêts,* qui a précédé la *Loi sur les forêts* adoptée en 1986, cette priorité du bois de la forêt privée était à l'ordre du jour. Dans le texte de loi, le bois de la forêt publique est devenu la source «résiduelle» d'approvisionnement, après que les copeaux et le bois de la forêt privée ont été utilisés. Mais dans les faits, les producteurs de la forêt privée ont souvent eu à se plaindre de la trop grande place laissée à l'interprétation dans l'application de cette mesure.

Lorsque je le rencontrai, en 1990, pour le compte du *Bulletin des agriculteurs,* le ministre libéral Albert Côté m'affirma qu'il ne voulait pas entendre parler d'accorder la priorité à la forêt privée. Le Ministre se retrancha derrière les difficultés que connaissait alors l'industrie papetière. Du côté des péquistes, même si on se montre un peu plus ouvert aux problèmes de la forêt privée, on s'est toujours gardé de promettre cette priorité.

Les récentes orientations formulées lors du Sommet sur la forêt privée, en mai 1995, vont même plutôt dans le sens contraire. Loin de renforcer la position des producteurs de la forêt privée vis-à-vis de l'industrie, on s'apprête à l'affaiblir. L'industrie devenant un partenaire de la forêt privée et investissant dans l'aménagement, les producteurs craignent que cela n'influence leurs négociations.

Sous-traitance, conditions de travail difficiles, rareté des camps forestiers, piètre dossier au chapitre de la santé et de la sécurité : le métier de travailleur forestier reste probablement encore aujourd'hui le dernier des métiers dans notre société. Comment ne pas crier à l'injustice quand on sait que les industries forestières comptent parmi les entreprises les plus prospères ?

UNE VIEILLE HISTOIRE [9]

« Depuis plusieurs années, il existe un grave malaise dans la mise sur le marché du bois de pulpe produit par les cultivateurs et les colons. Dans la plupart des régions de la province, en dépit des dispositions de la *Loi des Marchés agricoles du Québec* et de l'établissement de nombreux offices des producteurs de bois de pulpe, les prix payés aux producteurs de bois de pulpe ont été trop bas. De plus, les cultivateurs et les colons ont souvent beaucoup de difficultés à disposer de leur bois [...].

« Sur les 7 millions de cordes de bois de pulpe, répondant au besoin de l'industrie de la pulpe et du papier dans la province, 5 millions de cordes proviennent des terres de la Couronne : 800 000 cordes de gros

---

9. Extraits d'un discours prononcé par l'honorable Bona Arsenault, ministre des Terres et Forêts, à l'Assemblée législative du Québec, le 31 mai 1964, lors de la présentation du projet de loi 41, *Loi concernant le prix du bois à pulpe vendu par des agriculteurs et des colons.*

propriétaires de terrains boisés ; 1 200 000 cordes des cultivateurs et des colons. Sur ce 1 200 000 cordes vendues par les petits producteurs de bois de pulpe, la vente d'approximativement 500 000 cordes est négociée par l'intermédiaire des quinze offices des producteurs fonctionnant présentement dans diverses parties de la province [...].

« Les compagnies peuvent tout aussi bien négocier par des intermédiaires qui à toutes fins pratiques sont des agents à commission. Il arrive souvent que ces agents ne veulent ou ne peuvent payer d'autres prix que celui qui est déterminé par la compagnie qu'ils représentent. Certains de ces acheteurs ont à leur tour plusieurs intermédiaires, de sorte qu'en certaines régions de la province, le nombre trop élevé d'intermédiaires entre les producteurs et les moulins de pulpe et de papier privent les producteurs d'un revenu substantiel en diminuant considérablement le prix qu'ils reçoivent pour leur bois [...].

« Enfin, en 1955, le gouvernement Saint-Laurent instituait une enquête sur le commerce du bois de pulpe dans la province de Québec, en vertu de l'article 18 de la *Loi relative aux enquêtes sur les coalitions*.

« Après trois années d'études, le rapport de cette enquête a été déposé à la Chambre des Communes le 31 mars 1958 et a démontré (page 244, article 5 du rapport) que "l'élément quantité et l'élément prix sont au nombre des principaux facteurs qui ont été pris en considération lors des réunions tenues par les représentants des compagnies de bois à pâtes et de papier intéressées à l'achat du bois de pulpe des cultivateurs. Une diminution probable des achats avait une influence considérable pour amener une baisse des prix offerts aux cultivateurs pour leur bois de pulpe. Au contraire, quand il fallait augmenter les achats, on prenait soin d'empêcher que ce facteur ait une trop forte influence sur la hausse des prix".

« Or, l'adoption du bill 41 aura pour effet de rendre désormais impossible ou inopérante toute entente clandestine entre compagnies, de la nature de celle que je viens de signaler à votre attention. L'on sait qu'à la suite de la présentation de ce rapport de l'enquête instituée par le gouvernement Saint-Laurent, dix-sept compagnies de pulpe et de papier ont été trouvées coupables d'avoir conspiré pour restreindre le marché du bois de pulpe pendant une période de sept ans. »

(Plus loin, Bona Arsenault cite un de ses anciens discours prononcés alors qu'il était dans l'opposition).

« Il est en effet regrettable que l'honorable ministre des Terres et Forêts de la province de Québec ne semble pas avoir compris que, sans l'action du gouvernement provincial ou la bonne volonté des compagnies, des milliers de petits producteurs de bois de pulpe continueront d'être traités injustement, précisément parce que la plupart des compagnies de pulpe et de papier, étant en mesure de puiser indéfiniment dans les réserves forestières de la province, se servent ou abusent de ce privilège pour maintenir les bas prix qui ont prévalu en ces dernières années, pour le bois de pulpe mis sur le marché par les cultivateurs et les colons. »

CHAPITRE 4

L'État au service de l'industrie

CELA SAUTE AUX YEUX de quiconque suit de près la question que les fonctionnaires responsables des forêts défendent les intérêts de l'industrie forestière. Il suffit de rassembler des représentants de l'industrie et des sous-ministres des Forêts autour d'une table pour s'en rendre compte. C'est à se demander qui représente qui. Dans les documents du ministère responsable des forêts qui, au cours des années, a changé plusieurs fois de nom, on cite les chiffres de l'industrie. Dans les documents de l'industrie, on cite les chiffres du ministère. Dans ce contexte, comment démêler l'intérêt public de l'intérêt privé?

En 1984, je participais à la démarche du Regroupement pour un Québec vert lorsque le ministère de l'Énergie et des Ressources (MER) dévoila sa nouvelle politique forestière axée sur les CAAF. Au MER, on se mit à parler des « bénéficiaires de CAAF ». Ce vocabulaire, qui semble inspiré du jargon de l'assistance sociale, en fit sourire plusieurs. Il n'en fallait pas plus à un observateur critique pour penser que le soutien du ministère aux compagnies forestières représentait bel et bien une forme déguisée d'assistance sociale.

Mais revenons à cette communauté d'esprit chez les élites de la foresterie gouvernementale et industrielle qui s'entretient, comme je l'ai noté au premier chapitre, par de fréquentes rencontres entre le *lobby* de l'industrie et le gouvernement. Comment nous surprendre alors qu'autant la politique forestière que ses modalités d'application (contrôle des opérations, système des droits de coupe, zonage forestier du territoire, paiement des droits de coupe, etc.) soient taillées sur mesure pour répondre aux besoins de l'industrie ?

Sachant cela, nous comprenons mieux l'opinion populaire en ce qui a trait à la réglementation imposée à l'industrie forestière. Un sondage d'*Environics,* effectué en 1989 pour le compte de Forêts Canada, révélait que 69 pour cent de la population canadienne jugeait insuffisant le contrôle gouvernemental en forêt. En 1994, le ministère des Ressources naturelles du Québec (MRN) demandait un nouveau sondage à la firme SOM et obtenait la même réponse. Dans une communication faite le 5 mars 1995 à un journaliste du quotidien *Le Soleil,* à Québec, le sous-ministre aux Forêts actuellement en poste, Gilbert Paillé, qui a contribué à mettre en place le régime forestier actuel sous Albert Côté, admettait qu'aucune compagnie forestière n'avait jamais été poursuivie pour infraction aux normes d'intervention en forêt. Lorsque le MRN parle publiquement de sa réglementation forestière, il se targue d'être un exemple à suivre pour les autres provinces et présente le Québec comme la province la plus avancée en cette matière. Cela est peut-être vrai sur papier, mais pas nécessairement sur le terrain. La législation et la réglementation forestières du Québec manquent de dents.

On peut trouver normal que la politique forestière québécoise s'attache à répondre aux besoins du développement industriel. La forêt est en effet une ressource naturelle et sa mise en valeur doit contribuer au bien-être de la nation québécoise. Là où il est plus difficile d'être d'accord, c'est sur le fait que la gestion de la forêt, à 90 pour cent propriété de la collectivité, soit organisée en fonction des seuls intérêts privés. C'est le bon vieux schéma de la privatisation des profits et de la nationalisation des pertes. Lorsque vient le temps d'investir dans la forêt, il faut entendre les ténors de l'industrie insister sur le fait que celle-ci ne leur appartient pas. Que la forêt soit publique et que nous payions collectivement pour qu'elle se remette du pillage industriel, cela devient le véritable avantage concurrentiel. Voilà qui est difficile à faire admettre à un industriel ou à un responsable gouvernemental de la forêt. Mais les industriels forestiers américains ont compris cette réalité de la foresterie québécoise et canadienne. C'est là le fondement du contentieux canado-américain sur la vente du bois de sciage québécois et canadien aux États-Unis, qui redevient d'ailleurs d'actualité.

La politique forestière de 1986 : révolution ou concession ? [1]

En décembre 1986, l'Assemblée nationale du Québec adoptait une politique forestière. Ingénieurs forestiers, fonctionnaires, industriels et politiciens y virent une révolution. L'industrie forestière s'en réjouit puisque la nouvelle loi lui donnait à peu près tout ce qu'elle avait souhaité. Celle-ci visait essentiellement l'instauration d'un nouveau

---

1. Adaptation d'un texte qui a été publié dans *L'Aubelle*, le magazine de l'Ordre des ingénieurs forestiers du Québec, en avril-mai 1987. Je l'avais alors écrit pour le Collectif Forêt-intervention, dont le manifeste figure en annexe de ce livre.

mode de gestion forestière à des fins industrielles, sur 95 pour cent du territoire.

Pour la forêt publique, la réforme est axée sur la mise en place des CAAF, qui remplacent les concessions forestières et les contrats d'approvisionnement à long terme. Ces contrats désignent, pour chaque usine, un territoire délimité ou une unité d'aménagement, pour adopter le jargon ministériel. Ils donnent à leurs bénéficiaires le droit d'obtenir un certain volume de bois rond sur un territoire délimité. Il n'y a plus de concessions à proprement parler, mais le nouveau régime correspond davantage à un changement de vocabulaire qu'à une révolution.

Du bénéficiaire, l'État exige des travaux d'aménagement de façon à assurer un rendement soutenu du territoire forestier. Une surveillance ministérielle destinée à vérifier le respect des contrats doit s'effectuer tous les 5 ans ; le contrat est reconduit automatiquement pour une autre durée supplémentaire de 5 ans si le bénéficiaire a respecté son mandat. (En 1995, nous en sommes au renouvellement des CAAF.) Enfin, l'État permet que ces nouveaux contrats d'approvisionnement servent de garanties auprès des créanciers bancaires des bénéficiaires.

La signature des CAAF entraîne l'apparition des aires communes, ces territoires où plusieurs entreprises se côtoient pour effectuer la coupe. Papetières, scieries et sous-traitants profitent de cette situation pour contourner les accréditations syndicales. La désyndicalisation du travail en forêt publique est un résultat non négligeable du nouveau régime forestier.

Non loin de La Tuque, en Mauricie, 7 bénéficiaires de CAAF se retrouvent sur le même territoire ; il s'agit de l'aire commune 43-04. Pour bien comprendre la situation, revenons en 1991. Produits forestiers Canadien Pacifique (PFCP ; aujourd'hui Cartons Saint-Laurent) côtoient

Malette, Gérard Crête et fils et plusieurs autres bénéficiaires. On s'entend pour confier la coupe à Crête et à Malette. PFCP se charge seulement de la préparation des plans, du contrôle et des activités techniques. Crête et Malette font faire la coupe par un entrepreneur dont les travailleurs ne sont pas syndiqués. C'est ainsi que le Syndicat des travailleurs forestiers de la Mauricie, affilié à la CSN, qui coupait auparavant le bois pour PFCP de La Tuque, se fait damer le pion. Pourtant, un volume de 173 000 mètres cubes de bois (45 pour cent du bois coupé dans l'aire commune) est destiné à l'usine papetière de La Tuque. En désyndicalisant le travail forestier, la *Loi sur les forêts,* entrée en vigueur en 1987, a contribué à détériorer les conditions de travail en forêt un peu partout au Québec.

La *Loi sur les forêts* comporte d'autres avantages pour l'industrie forestière. L'État se charge de remettre en production, aux frais des contribuables, toutes les superficies forestières dévastées par le passé. De plus, le MER fait passer la bande verte le long des cours d'eau de 60 mètres à 20 mètres.

Quant à la forêt privée, elle a bien peu de place dans la nouvelle loi. L'État se limite à mettre en place le statut de producteur forestier. Aucune mesure n'instaure la priorité du bois de la forêt privée pour l'approvisionnement des usines.

Les antécédents de la politique forestière

La dernière *Loi sur les forêts* est l'aboutissement d'un long processus. Dans sa révision de la politique forestière du début des années 1980, il est manifeste que le gouvernement québécois a surtout retenu les propositions de l'industrie forestière. À l'automne 1984, le ministre de l'Énergie et des Ressources de l'époque, Yves Duhaime, menait en catimini une première consultation sur le renouvellement de la politique forestière[2]. Cette consultation faisait suite à la parution d'un premier document gouvernemental sur la politique forestière. L'AIFQ présenta alors sa position au Ministre et formula une série de recommandations concernant une éventuelle politique forestière[3]. En voici quelques-unes : les approvisionnements en matière ligneuse devraient se situer sur des territoires définis ; l'État devrait instituer une seule forme de tenure des forêts publiques consistant en une location à long terme et comportant des garanties légales ; en outre, il faudrait « que la remise en production des aires perturbées et peu ou mal régénérées jusqu'à ce jour fasse l'objet d'un programme financé seulement par les gouvernements ».

Ce que l'industrie demandait, en fin de compte, c'est qu'on perpétue le bon vieux système où les contribuables paient les pots cassés de l'industrie forestière. Le gouvernement se rendra entièrement à ces exigences. Rexfor, société d'État québécoise du secteur forestier, sera finalement chargée de remettre en production les superficies forestières du Québec pas ou mal régénérées (appelées aussi *backlog*). Ainsi, entre 1989 et 1995, Rexfor a vu à la préparation du terrain pour les plantations, à la mise en terre de près de 300 millions de plants forestiers, à la pulvérisation de phytocides, à l'entretien et à d'autres travaux d'aménagement. Dans cette opération, la société d'État a englouti 188 millions de dollars[4]. Bien sûr, ces travaux ont permis

---

2. À l'époque, j'étais conseiller bénévole de la Fédération des travailleurs du papier et de la forêt (FTPF) de la Confédération des syndicats nationaux, qui participait à cette consultation.

3. Association des industries forestières du Québec, *La politique forestière du Québec : Éléments de solution*, septembre 1984, 59 p.

4. Rexfor, Rapport annuel, 1995.

de créer des emplois. Mais autant d'emplois auraient été créés si ces fonds avaient été versés par l'industrie. Encore une fois, nous avons donc payé collectivement pour réparer l'incurie passée de l'industrie forestière.

Mais revenons à la période qui a précédé l'entrée en vigueur de l'actuelle politique forestière, au milieu des années 1980. L'AIFQ s'attaquait alors aux acquis de la forêt privée et réclamait de l'État l'élimination «des monopoles vendeurs» (c'est-à-dire des plans conjoints de la forêt privée) pour favoriser «le libre-échange de la matière ligneuse». Au demeurant, l'industrie papetière du Québec, très concentrée, pourrait être considérée comme un monopole acheteur, contrôlant la majeure partie de la demande de matière ligneuse. Et le contrôle du marché du bois a augmenté depuis la vague d'intégration de l'industrie du sciage à l'industrie papetière, justement à la suite de l'entrée en vigueur de la *Loi sur les forêts*.

Avec cette législation, l'État québécois a comblé les attentes de l'industrie forestière. Il a ignoré les propositions des syndicats de travailleurs forestiers, qui réclamaient des mesures susceptibles d'améliorer les conditions de travail en forêt, de même que celles de la Fédération des producteurs de bois, qui voulaient que la priorité soit accordée au bois de la forêt privée pour approvisionner les usines. La commission parlementaire de septembre 1986 sur l'avant-projet de loi sur les forêts ne siégea que pour la galerie, la vraie consultation ayant eu lieu bien avant. L'Assemblée nationale adopta ensuite la loi à toute vapeur et à l'unanimité. Pour l'essentiel, cette loi, qui répondait aux demandes de l'industrie forestière, est encore en vigueur aujourd'hui.

Réactions de l'industrie aux politiques forestières

En 1992, Denise Bérubé déposait une thèse de maîtrise en sciences politiques, à l'Université Laval, sur l'histoire des politiques forestières au cours des 30 dernières années[5]. La lecture de ce document nous confirme la soumission des politiques forestières aux intérêts de la puissante industrie papetière. En 30 ans, le Québec a connu trois politiques forestières. La mise en application des deux premières, celles de 1965 et de 1972, est restée inachevée. Elles s'en prenaient notamment aux concessions forestières accordées aux compagnies papetières et furent donc très mal accueillies par l'industrie. Des trois dernières politiques forestières québécoises, c'est le régime forestier de 1986 qui sera le moins contesté par l'industrie papetière. Denise Bérubé a étudié ces trois projets de politique et les réactions de l'industrie à chacun d'eux.

En 1965, le gouvernement Lesage présentait un *Livre vert sur la forêt,* largement inspiré du thème « Maître chez nous ». Son objectif était de rationaliser l'exploitation des forêts publiques. On reprochait alors aux grandes papetières de n'exploiter qu'une faible portion de leurs concessions forestières. La réforme proposée passait nécessairement par la remise en question du principe même des concessions. Les papetières s'y opposèrent farouchement et réussirent à maintenir leurs privilèges.

En 1972, le ministre libéral des Terres et Forêts, Kevin Drummond, revenait à la charge avec un *Livre blanc* qui proposait lui aussi de mettre fin aux concessions forestières. Les papetières partirent en guerre contre la révocation des

---

5. Denise Bérubé, « Analyse stratégique de la réception de la politique industrielle étatique dans le secteur privé : le cas de l'industrie forestière », thèse présentée à l'École des gradués de l'Université Laval, faculté des Sciences sociales, mars 1992.

concessions. Celle-ci fut tout de même amorcée en 1974. Mais le *lobby* de l'industrie et le manque de ressources du gouvernement feront en sorte que seulement 36 pour cent des concessions forestières seront effectivement révoquées en 1984.

Le gouvernement a donc eu depuis belle lurette d'énormes difficultés à se distancier des exigences des papetières. À plusieurs reprises au cours des 30 dernières années, il a voulu leur retirer les concessions ; il a failli à la tâche et leur a finalement redonné une partie de leurs privilèges. Et si la politique forestière québécoise est à ce point assujettie aux papetières, on comprend mieux pourquoi la promesse d'accorder la priorité au bois de la forêt privée pour approvisionner les usines est restée lettre morte. Si elle était adoptée par le gouvernement, cette mesure donnerait aux syndicats de producteurs de bois de la forêt privée une meilleure position pour négocier avec l'industrie.

Le paiement des droits de coupe en travaux sylvicoles

Le paiement de 40 pour cent des droits de coupe en travaux sylvicoles est un privilège consenti à l'industrie qui nous coûte collectivement des dizaines de millions de dollars chaque année. Voici comment cela fonctionne. Pour approvisionner ses usines, une industrie coupe chaque année du bois auquel elle a accès dans le cadre des CAAF. Selon une grille établie par le MRN, elle doit payer à l'État des droits de coupe, ou redevances. Tel qu'indiqué plus haut, ces droits de coupe sont en moyenne de 7,38 $ par mètre cube, en 1995.

En 1994-1995, l'industrie forestière québécoise devait payer 127 millions de dollars en droits de coupe au gouvernement. De ce montant 58,4 millions de dollars n'ont pas été versés. Cette somme a été remplacée par des travaux sylvicoles : reboisement, éclaircies, etc. Dans le secteur des feuillus durs, les crédits sur les droits de coupe seraient encore plus importants. Pour les années à venir, les nouvelles dispositions du MRN[6] permettront aux industries d'explorer de nouvelles avenues pour réduire encore leurs factures de droits de coupe. Elles pourront notamment se faire créditer leurs investissements en forêt privée et des travaux exécutés par un tiers.

Le *lobby* de l'industrie

> Il faut dire que ces entreprises (compagnies de pâtes et papiers) régnaient alors sans conteste sur d'immenses concessions forestières, soi-disant renouvelables mais en pratique perpétuelles, et que leurs souscriptions aux caisses électorales comptaient parmi les plus plantureuses[7].

La caisse électorale était autrefois une forme de *lobby* fort efficace au Québec. N'oublions pas que la formule existe encore au fédéral. Les associations industrielles du monde forestier utilisent de plus en plus les communications et les entrevues avec les journalistes pour faire passer leur message dans l'opinion publique et auprès des politiciens. Pour at-

---

6. « Programme de mise en valeur des ressources du milieu forestier, ministère des Ressources naturelles, Direction des programmes forestiers, mai 1995.

7. René Lévesque, *Attendez que je me rappelle...,* Montréal, Québec/Amérique, 1986, p. 228. Extrait cité par Léonard Otis, *op. cit.,* 1989.

teindre ces derniers, elles ont cependant un moyen plus simple et plus efficace — le coup de téléphone —, comme en témoigne l'anecdote que j'ai racontée précédemment concernant l'appel du PDG de l'AIFQ au cabinet du ministre Albert Côté. Ne sous-estimons pas non plus l'intervention personnelle des industriels auprès du ministre en poste. Cette pratique m'a été signalée par un ingénieur forestier qui a longtemps fait partie d'un cabinet ministériel.

Le *lobby* s'exerce cependant le plus souvent en catimini, lors de rencontres informelles, de courtes réunions de routine, de coups de téléphone privés. Dans un mémoire de maîtrise en foresterie déposé à l'Université Laval, en 1995, Lyne Rousseau publie un extrait d'une lettre adressée au sous-ministre des Forêts, le 21 octobre 1966, par le président de l'AIFQ :

> Je vous suggère que cette rencontre soit sans formalité et que nous commencions le déjeuner vers 12 h 30 au Club de la Garnison en prolongeant les échanges jusqu'à 3 h 30. Je crois qu'il serait aussi opportun de convenir, à l'exemple de ce qui se fait en Ontario lors de réunions semblables, qu'il n'y aura pas de compte rendu des discussions. Comme premier sujet à considérer, j'aimerais vous proposer l'examen des relations entre le Ministère et l'industrie[8].

Quiconque se préoccupe de l'avenir de la démocratie doit prendre au sérieux la puissance du *lobby* de l'industrie forestière au Québec, comme le souligne Lyne Rousseau dans sa conclusion :

---

8. Lyne Rousseau, «Évolution de l'intervention gouvernementale concernant la fixation des redevances exigées pour les bois sur pied des forêts privées du Québec entre 1901 et 1986», mémoire de maîtrise déposé à la Faculté des études supérieures de l'Université Laval, département des sciences du bois et de la forêt.

Les faibles taux de redevances (droits de coupe) semblent avoir stimulé la consommation de matière ligneuse. Ces constats révèlent qu'il faudra être prudent dans l'avenir concernant les forces du *lobbying*. Si ces forces continuent à motiver les agents gouvernementaux, le système de tarification (du bois coupé en forêt publique) adopté en 1987 risque d'être soumis aux mêmes forces que précédemment[9].

Défendre une image

Nos gouvernants se font fort de défendre l'image de l'industrie forestière sur les marchés internationaux. Bien que le ministre des Forêts du Québec, Albert Côté, se soit personnellement rendu en Europe pour y défendre «son» industrie au début des années 1990, c'est le fédéral qui mène véritablement le bal en cette matière. Rappelons-nous la question de la certification environnementale, que j'ai abordée dans le premier chapitre. Le gouvernement fédéral a pris les devants pour la coordination du dossier.

Mais c'est surtout l'élaboration de la *Stratégie nationale sur les forêts canadiennes* que mon travail m'a amené à connaître en profondeur. Attardons-nous à cette histoire, qui se déroule en trois épisodes.

Premier épisode: été 1991

À l'été 1991, j'assiste à une réunion de consultation qui se tient à Trois-Rivières[10]. Le Conseil canadien des ministres des Forêts y consulte les intervenants forestiers du Québec, ceci en l'absence du ministre québécois des Forêts,

---

9. *Ibid.*

10. Pour d'autres détails, voir mon article intitulé «Stratégie nationale sur les forêts: Beaucoup d'absents à la consultation», *Forêt conservation,* septembre 1991, pp. 24-25.

Albert Côté — alors que la gestion forestière est du ressort des provinces. À la suite d'un congrès forestier national, tenu à Ottawa en 1986, le gouvernement canadien a adopté une *Stratégie nationale sur les forêts canadiennes*. Officiellement, la consultation de 1991, menée également dans les autres régions canadiennes, vise à mettre cette stratégie à l'heure du développement durable. À la rencontre de Trois-Rivières, Forêts Canada a invité les représentants de la forêt privée, des groupes autochtones, des syndicats de travailleurs forestiers, des chercheurs universitaires et, dans une très grande proportion, des fonctionnaires fédéraux. L'industrie forestière y participe peu, n'ayant délégué que quelques représentants. On n'y voit pas non plus les groupes environnementaux, pourtant habituellement intéressés aux questions forestières. Mais le fait saillant reste l'absence remarquée et abondamment discutée du gouvernement québécois. Pas de ministre, pas de sous-ministre et pas de fonctionnaires du ministère des Forêts ni d'autres ministères du Québec. Cette absence s'explique par l'après-Meech et par la mésentente entre le ministre Côté et son homologue fédéral. À la différence des autres provinces canadiennes, le Québec ne signera pas cette déclaration sur la *Stratégie nationale sur les forêts canadiennes.*

Quels sont les objectifs de cette stratégie? Elle entend formuler les grandes orientations de la foresterie au Canada. Lors de la consultation de Trois-Rivières, on a parlé de la conservation et de l'utilisation de la forêt, du développement économique, de la participation du public, des responsabilités internationales du Canada en matière de foresterie, des conditions de travail en forêt et de la recherche. En filigrane, cependant, cette ré-écriture de la *Stratégie nationale* vise plutôt à améliorer l'image internationale de la foresterie canadienne. Le gouvernement fédéral a voulu mettre le discours forestier canadien à l'heure du développement durable, car la nouvelle conjoncture du commerce international l'y oblige, les importateurs de produits forestiers canadiens se montrant de plus en plus sensibles aux questions environnementales.

La consultation de Trois-Rivières a été techniquement bien montée. Le travail en ateliers a été confié à des animateurs professionnels. On y a forcé le consensus entre les fonctionnaires, les représentants de divers groupes de chasseurs et les Autochtones, et on a invité les plus critiques à se montrer constructifs. Les travaux se sont terminés par une mise en commun des points de vue en assemblée plénière et le sous-ministre fédéral des Forêts, Jean-Claude Mercier, n'a pu que conclure à un immense succès de cette consultation dans la région du Québec. Nul ne pourrait nier qu'à cette rencontre de Trois-Rivières, les fonctionnaires fédéraux ont beaucoup fait pour sauver la crédibilité de la consultation.

Deuxième épisode : hiver 1992

Le document final de la *Stratégie nationale sur les forêts canadiennes* est finalement adopté en mars 1992, lors d'un congrès pancanadien tenu à Ottawa[11]. L'objectif est noble : « Entretenir et améliorer à long terme la santé de nos écosystèmes forestiers au bénéfice de tous les êtres vivants, tant au niveau national que planétaire, tout en ménageant à la génération actuelle et aux générations à venir de bonnes perspectives écologiques, économiques, sociales et culturelles. » Le Québec ne compte pas parmi les signataires de ce document.

Les stratèges fédéraux de la « foresterie durable » ne se cachent pas de vouloir utiliser la *Stratégie nationale sur les*

---

11. Pour d'autres détails, voir mon article intitulé « L'environnement devenu relations publiques », *Forêt conservation,* mai 1992, p. 29.

forêts canadiennes pour un événement imminent : le Sommet de la Terre de Rio, qui doit se tenir en juin 1992.

Lors d'une entrevue, le ministre fédéral des Forêts d'alors, Frank Oberle, affirme croire que la stratégie a l'assentiment de l'ensemble des Canadiens. Mais Forêts Canada vient de publier les résultats de sondages effectués partout au Canada, qui indiquent une profonde désapprobation populaire de ce qui se fait en forêt ; cette critique est d'ailleurs plus forte au Québec que dans le reste du pays. La stratégie forestière canadienne balbutie un vague *statu quo* sur les questions qui opposent les écologistes à l'industrie forestière. Par exemple, on propose aux organismes publics et privés de recourir le moins possible aux substances chimiques pour lutter contre les insectes, les maladies et la végétation concurrente en forêt. Par ailleurs, les auteurs de la stratégie se gardent bien de se mouiller en ce qui a trait à la question des coupes à blanc, pourtant très controversée.

Somme toute, lors du congrès national de 1992 convoqué à Ottawa pour adopter la nouvelle stratégie, on assiste surtout à l'omniprésente paranoïa d'une industrie forestière qui se sent alors menacée par le mouvement environnemental. Quant aux groupes écologistes, les plus radicaux n'y sont pas, même si, au dire des organisateurs, tout le monde a été invité. Les groupes écologistes de la Colombie-Britannique, d'où proviennent les critiques les plus virulentes, n'ont même pas participé à la consultation régionale tenue à cet effet dans leur province.

Malgré quelques nobles intentions, la *Stratégie nationale sur les forêts canadiennes* fut une vaste entreprise de relations publiques où le développement durable devint, non pas le vrai visage de la forêt canadienne, mais un simple maquillage. D'ailleurs, lors du banquet du Congrès forestier national qui a eu lieu à Ottawa le 3 mars 1992, Lloyd McGinnis, président de l'Institut international du développement durable, un organisme indépendant dont le siège est à Winnipeg, surprit l'auditoire en démolissant le document de Forêts Canada. Selon lui, avec une telle stratégie, « la forêt canadienne n'a pas la moindre chance de parvenir au développement durable ».

Troisième épisode : été 1995

En juillet 1995, le comité responsable de la *Stratégie nationale sur les forêts canadiennes* me fait parvenir une lettre, dont voici un extrait :

> En 1992, les Canadiennes et les Canadiens se sont engagés à prendre soin de leurs forêts, pour le bénéfice des générations actuelles et à venir. Cet engagement est le fruit de consultations publiques à grande échelle auprès des gouvernements, de l'industrie, des syndicats, des groupes environnementaux et de conservation, des Autochtones, du milieu universitaire, des propriétaires de boisés privés, d'autres organisations non gouvernementales, ainsi que d'individus.

D'un point de vue technocratique, la *Stratégie nationale sur les forêts canadiennes* est un projet bien monté. On veut une stratégie, on écrit un document, on organise une consultation lors de laquelle on apporte quelques modifications au document de départ. Ainsi, on construit de toutes pièces la légitimité d'une initiative gouvernementale qui vise avant tout à améliorer l'image de la foresterie canadienne. La pierre angulaire de l'édifice est un simulacre de démocratie.

Quelques années plus tard, on laisse croire à une grande consultation populaire. En fait, le processus s'est limité à cinq réunions de fonctionnaires, de gens intéressés aux subventions fédérales et d'industriels, tenues dans 5 régions du Canada pour valider un document du gouvernement fédéral. Ici, le gouvernement provincial a boudé l'exercice, ailleurs, c'est l'industrie ; quant aux écologistes, leurs éléments les plus radicaux ont brillé par leur absence. En fin de compte, la *Stratégie nationale sur les forêts canadiennes* fut un exercice par lequel on a voulu faire croire que le Canada est une nation forestière exemplaire. C'était bien pensé, et sûrement fort bien vu dans les ambassades. Mais de cette histoire en trois épisodes, nous devons retenir que les gouvernements ont dépensé nos deniers pour défendre l'image internationale de l'industrie forestière.

CONCLUSION
Esquisse d'un avenir forestier [1]

LA SOLUTION AUX PROBLÈMES FORESTIERS québécois passe par une action collective qui doit remettre l'industrie à sa place. Bien sûr, cela ne résoudra pas instantanément tous nos problèmes. Mais une action ferme, sans demi-mesure et surtout, en rupture avec le passé, constitue la condition *sine qua non* d'une saine gestion de nos ressources forestières.

Des mesures urgentes s'imposent. Les grandes coupes à blanc, même celles qu'on dit protéger la régénération et les sols, sont à bannir. La limite de la superficie des coupes ne réduira pas nécessairement l'appétit des exploitants. Mais le choix qui se pose est clair : freiner les activités de l'industrie, ou attendre qu'elle atteigne le fond du baril. Nous ne pourrons parler ni d'environnement forestier ni d'économie forestière s'il ne reste plus de forêt. Gardons-nous de surestimer la capacité de notre forêt de se renouveler.

---

1. Pour élargir cette réflexion sommaire sur les solutions aux problèmes forestiers québécois, je vous invite à lire le manifeste du Collectif Forêt-intervention, en annexe de ce livre. Ce manifeste est le fruit de dix ans de réflexion sur la foresterie québécoise.

Il importe également que les premiers intéressés, soit les habitants et les organismes des régions forestières, reprennent en main certains secteurs de la forêt publique. Cette orientation fera vraisemblablement partie du projet de forêt habitée que le Parti québécois s'apprête à mettre de l'avant. Il faudra certainement veiller à ce que le bénéfice pour la population soit réel, car nous devons nous attendre à ce qu'encore une fois, l'industrie forestière mette tout le poids de son *lobby* pour conserver ses privilèges.

Cette reprise en main de la forêt par la population est d'ailleurs amorcée. En Abitibi, des municipalités et des municipalités régionales de comté se voient confier la gestion des lots forestiers intramunicipaux. Dans le Bas-Saint-Laurent, on s'intéresse à la création de fermes forestières dans la forêt publique située à proximité des villes et villages. Un projet de cette nature est d'ailleurs très avancé dans la région de Matane. Ces initiatives de réappropriation de la ressource forestière sont à encourager. Il faut cependant veiller à ce que l'industrie n'en profite pas pour délaisser des territoires forestiers complètement dégradés à la suite de plusieurs coupes intensives qui l'ont enrichie. L'industrie réussirait ainsi à éviter des investissements que l'État se verrait contraint de consentir aux nouveaux arrivants. Et ce serait encore une fois les contribuables qui feraient les frais de l'industrie forestière.

Est-ce à dire qu'il faut sortir la grande industrie du bois? En fait, celle-ci se retire déjà d'elle-même. Les grandes industries papetières, du moins, engagent de petits sous-traitants — coopératives, groupements forestiers, entrepreneurs privés — et leur font faire la coupe, le reboisement et les travaux sylvicoles. Sous l'œil complaisant de l'État, les plus petits soumissionnaires l'emportent, les sous-traitants rognent sur les salaires, ce qui affecte les conditions de travail, ferment les camps forestiers. On réduira également la qualité des méthodes de coupe ou encore, on s'arrangera pour obliger les travailleurs forestiers à supporter les frais d'une méthode de coupe un peu plus respectueuse de l'environnement forestier (comme la coupe avec protection de la régénération ou la coupe de jardinage). Comme ce livre a tenté de le démontrer, la forêt, aux yeux de l'industrie, n'est en définitive qu'un tas de bois. Et il ne faut pas que ce bois coûte trop cher à amener dans la cour de l'usine ! Pour conserver et réinvestir chez nous les importants profits de l'industrie forestière, les mécanismes sont encore à inventer. Il se pourrait que l'on doive nationaliser les plus grandes compagnies pour faire en sorte que ces profits servent à développer notre société et non à l'appauvrir.

La sauvegarde de la forêt québécoise ne passe pas uniquement par une réforme de la politique forestière ; elle passe aussi par une réforme de l'organisation du travail, par la garantie de conditions minimales à ceux qui travaillent pour des entreprises qui comptent parmi les plus prospères au Québec.

Si la forêt privée se voyait accorder la priorité qu'elle exige pour approvisionner les usines de sciage et de pâtes et papiers, cela contribuerait à équilibrer le marché du bois au Québec, qui reste sous le joug de l'industrie forestière. Il ne saurait évidemment être question d'affaiblir le rôle de la Régie des marchés agricoles, qui peut intervenir pour fixer le prix du bois de la forêt privée. Il faudra cependant trouver un moyen efficace pour contrôler les coupes en forêt privée, sans quoi on risque d'assister à la dilapidation des territoires forestiers privés.

En forêt publique, les sous-traitants sont à la merci des industriels ; ils se rattrapent en exploitant davantage leur main-d'œuvre. Dans le contexte de l'emploi du milieu des années 1990, les travailleurs forestiers n'ont pas d'autres choix que d'accepter l'inacceptable. Ils sont isolés, désorganisés, perdus au fond d'un chemin forestier. Ici encore, il faut regarder du côté de l'État, car lui seul peut obliger l'industrie à respecter ses artisans.

L'amélioration des conditions de travail dans le secteur forestier ne peut se faire que par une organisation des travailleurs fondée sur une structure collective. Cela se fait déjà dans les coopératives forestières. Il faut continuer à encourager les entreprises coopératives pour l'exécution des divers travaux sylvicoles. Cependant, il faut demeurer vigilant dans un contexte difficile où les coopératives doivent forcer leurs travailleurs-membres à s'autoexploiter pour survivre et travailler. La syndicalisation des travailleurs forestiers est certes à soutenir, même s'il s'agit de miettes sur l'échiquier du travail forestier d'aujourd'hui, surtout depuis que l'industrie a su profiter de l'entrée en vigueur du régime forestier de 1987 pour se débarrasser d'un bon nombre d'organisations syndicales en forêt. Avec le retour en force des petits *jobbers*, une partie de la solution sociale à la misère du travail en forêt passe par l'amélioration du rapport de force. Je me sais ici à contre-courant de la tendance québécoise et mondiale, mais je pense que les travailleurs forestiers devraient avoir accès à une accréditation syndicale multipatronale, d'ailleurs revendiquée par la CSN. On pourrait imaginer que les travailleurs forestiers coupant du bois pour une même usine fassent partie d'une seule unité syndicale multipatronale, quels que soient les intermédiaires. Dans le cadre d'une réforme de la politique forestière, on pourrait penser à mettre en place un système d'accréditation syndicale par aire commune, valable pour l'ensemble des CAAF se réalisant sur un même territoire.

La technologie forestière scandinave exerce une attraction indéniable sur le milieu forestier québécois. Il est à noter que les Scandinaves sont à l'origine de la plupart des innovations dans ce domaine, comme le frein sur les scies à chaîne, qui sauve des vies, les têtes multifonctionnelles sur les grosses machines et d'autres types d'équipement fort utiles. Mais il ne faut pas compter sur l'élite forestière du Québec, qui se rend régulièrement en Suède, pour nous entretenir de l'organisation du travail forestier dans ce pays. Soulignons, entre autres, que la main-d'œuvre forestière y est syndiquée en grande majorité et que l'utilisation des phytocides y est interdite, ce qui n'empêche pas l'industrie forestière de faire des profits.

En 1995, selon les informations qu'il m'a été possible d'obtenir, l'État remettrait environ 50 millions de dollars à l'industrie, seulement en droits de coupe, parce que cette dernière consent à remettre la forêt québécoise en pro-duction après l'avoir vidée. À l'heure où l'on ferme des hôpitaux, où l'on s'attaque régulièrement à la maigre pitance des vieillards et des plus démunis de notre société, nous n'avons certes pas les moyens de verser des dizaines de millions de dollars aux barons du bois. Il est devenu urgent de réaménager les coupures budgétaires pour aller chercher des fonds là où ils sont, c'est-à-dire, ici, dans les coffres d'une industrie plusieurs fois milliardaire.

Cette évaluation de notre cadeau collectif à l'industrie forestière est certes partielle. Une investigation plus appro-fondie nous en révélerait beaucoup d'autres formes. Par exemple, les industries bénéficient du travail des fonc-tionnaires chargés de leur distribuer la ressource, de prêts sans intérêt versés par des sociétés d'État (comme celui qu'a récemment refusé Domtar), de l'électricité vendue au rabais et de maints autres avantages. Il faudrait également évaluer les largesses du passé : par exemple, Québecor a obtenu Donohue pour une bouchée de pain et a été subventionnée par la suite pour rouvrir son usine de Matane ; sans parler de nos droits de coupe, qui sont les plus bas au monde, ni des 200 millions de dollars que nous avons versés par l'intermédiaire de Rexfor pour réparer les dégâts causés par des décennies de coupes dévastatrices. Mettre fin à ces prodigalités, c'est rompre avec une tradition. Certains se souviendront de l'implantation d'ITT-Rayonier à Port-Cartier, en 1971 ; les deux gouvernements lui ont accordé des subventions de 40 millions de dollars et ses droits de coupe ont été fixés à 0,50 $, alors qu'ils étaient de 2,50 $ à l'époque[2].

Il est urgent de repenser la politique forestière dans son ensemble, d'abolir les coupes à blanc, quelle que soit la forme qu'elles prennent, d'interdire les pesticides chimiques et autres pratiques destructrices. Mais il faut avant tout mettre en œuvre des mesures sociales, en forêt publique comme en forêt privée, qui viendront contrebalancer le pouvoir des magnats de la finance et des dirigeants des méga-entreprises. C'est grâce à de telles mesures que l'aménagement forestier pourra véritablement respecter l'environnement, les ressources du milieu forestier et ses premiers artisans, et faire revivre le milieu rural québécois. Nous devons cesser de nous laisser endormir par les campagnes de relations publiques. Mais nous devons surtout transformer notre mentalité, cesser de croire que nous n'avons pas d'autres choix que de donner notre forêt à l'industrie pour que, dans sa magnanimité, elle puisse redistribuer à son gré la richesse aux travailleurs et aux contribuables. Mon objectif aura été atteint si ce livre a pu susciter une réflexion et des actions en ce sens.

---

2. Jacques Keable, « ITT, onzième province », Annexe 3 de : Anthony Sampson, *ITT : L'État souverain,* Québec/Amérique, 1973.

Pour vivre de la forêt
Manifeste du
Collectif Forêt-intervention

CE MANIFESTE DU COLLECTIF FORÊT-INTERVENTION [1] sur la situation forestière au Québec est le résultat de nombreuses discussions tenues au fil des ans. Il est à la fois une critique de la foresterie québécoise et une proposition pour la pousser plus loin.

Avec ce manifeste, nous vous proposons de réfléchir à ce qu'est le Québec forestier d'aujourd'hui. La dernière politique forestière du gouvernement remonte à 1987. Alors qu'on commence à s'interroger sur sa valeur, l'industrie forestière donne le ton aux discussions en orientant le débat sur des considérations techniques : possibilité forestière surévaluée, contraintes soi-disant mal adaptées aux réalités

---

1. Le Collectif Forêt-intervention regroupe une douzaine de forestiers et forestières venant de plusieurs régions du Québec. Pendant plus d'une décennie, il a publié un bulletin de liaison, *Rejet de souche,* et fait des interventions publiques. Fort de l'expérience diversifiée de ses membres, il met de l'avant un point de vue qui remet en question la façon actuelle d'utiliser nos ressources forestières. Il propose également des orientations tenant compte des besoins de la population qui dépend de ces ressources.

du terrain. De petits irritants, mais une politique forestière somme toute confortable pour l'industrie.

Aux prises avec des problèmes ruraux grandissants, les citoyens se débattent pour obtenir de petits aménagements à un régime forestier bâti pour répondre aux besoins de l'industrie. On leur permet rarement de discuter de problèmes forestiers plus criants : dégradation rapide des conditions de travail, chômage dans les villages forestiers, recul de la forêt vers le nord... C'est dans cette optique que nous proposons ce manifeste.

Une foresterie pour les gens

La forêt est au Québec un véritable enjeu politique. À l'occasion de chaque scrutin, le reboisement, les ouvertures ou fermetures d'usines et le développement forestier, qu'on traduit alors en emplois ou en investissements, deviennent des promesses électorales. Mais bien peu se concrétisent et la réalité forestière demeure difficile à vivre. Les régions forestières du Québec vivent l'appauvrissement, le chômage, l'assistance sociale, la dépendance politique et économique. Les conditions de travail en forêt se détériorent et on connaît encore au Québec la surexploitation et les coupes à blanc à perte de vue. Le pillage des forêts publiques et privées continue.

Depuis maintenant plus de 10 ans, au Collectif Forêt-intervention, nous croyons qu'il faut un nouveau projet pour la forêt québécoise. On ne fait pas pousser la forêt pour elle-même mais pour que ses ressources contribuent au bien-être de la collectivité, en particulier des premiers intéressés, les habitants des régions forestières du Québec.

Il faut rompre avec une gestion forestière décidée soit dans les bunkers gouvernementaux, soit dans les sièges sociaux de la grande industrie à Montréal, Toronto, Chicago ou Tokyo. Un véritable renouveau forestier doit passer par des décisions forestières prises dans les régions.

Le développement durable se veut un développement fait dans le respect et pour le bénéfice des collectivités locales et de l'environnement. Présentement, le développement durable sert malheureusement à maquiller une politique forestière industrielle qui conduit au sous-développement et au pillage des ressources. Le développement réel de l'industrie forestière, autant québécoise qu'internationale, continue de reposer sur le pillage de la forêt et sur l'exploitation des ruraux et des travailleurs.

Mettons les choses au clair. Malgré la *Stratégie de protection des forêts* et les nouvelles méthodes de coupe avec protection de la régénération, le régime forestier actuel n'est toujours pas inspiré par le développement durable, mais bien plutôt par le besoin de l'industrie forestière en fibres à bas prix.

Le Collectif Forêt-intervention croit encore au développement durable en foresterie. Au-delà d'un projet environnemental, nous y voyons aussi un projet social, une porte ouverte à plus de démocratie et de prospérité pour les gens qui vivent de la forêt québécoise comme pour ceux et celles qui vivent de la forêt ailleurs dans le monde.

La démocratie en forêt

La majeure partie du territoire forestier québécois est propriété publique. Mais cela ne se reflète pas dans l'usage qu'on en fait. Les décisions forestières, prises à Québec ou aux sièges sociaux de l'industrie, ne tiennent pas compte de ce fait. La ressource forestière est publique, mais les décisions sont prises d'abord en fonction des intérêts privés de l'industrie.

Les Autochtones, les chasseurs, les pêcheurs, les villégiateurs, les élus municipaux, les dirigeants des municipalités régionales de comté (MRC), les travailleurs forestiers, souhaitent participer aux décisions. Dans la gestion forestière actuellement centralisée à Québec, seul le *lobby* de l'industrie forestière est bien placé pour faire respecter ses intérêts.

Nous souscrivons à l'idée d'engager davantage les MRC dans ce processus de démocratisation de la gestion des ressources forestières. Les MRC regroupent souvent assez de personnes et représentent une assez grande diversité de groupes sociaux pour permettre la concertation autour des ressources forestières régionales. Le développement d'une foresterie plus acceptable socialement pourra se faire en impliquant les gens des régions dans les décisions.

En gagnant en démocratie, la gestion forestière perdra en uniformité. Ici, les fermes forestières en forêt publique pourront être la manière de gérer la forêt ; là, des Autochtones, des pêcheurs, une MRC et un industriel se concerteront pour gérer une portion du territoire.

C'est dans cette perspective de démocratisation que nous envisageons la participation des nations autochtones à la gestion des forêts. Autochtones et Québécois se partagent déjà plusieurs territoires forestiers. Une gestion forestière plus régionale et plus démocratique doit évidemment inclure la participation autochtone. Comme les autres groupes, ils doivent participer à la gestion forestière pour que celle-ci tienne compte de l'usage qu'ils font de la forêt.

La forêt privée

En bien des endroits, la forêt privée est celle qui est la plus proche des gens. Mais sa situation est alarmante. Le phénomène du pillage des lots est loin d'aller en diminuant.

La forêt privée est surexploitée dans plusieurs régions du Québec. Nous croyons que le rendement soutenu des forêts doit demeurer un objectif en forêt privée. Le rendement soutenu est difficile à définir. Par exemple, parle-t-on d'une coupe qui ne dépasse pas le prélèvement admissible lot forestier par lot forestier? Au minimum, le respect du rendement soutenu en forêt privée devrait se faire sur une base régionale.

L'État doit maintenir son programme de subventions pour stimuler la sylviculture. Sans soutien financier, il y aurait très peu de travaux sylvicoles en forêt privée. Le prix du bois de la forêt privée ne peut vraiment pas inclure les coûts de la sylviculture. Le prix du bois couvre à peine les frais d'exploitation, surtout dans un contexte forestier où l'on devrait respecter les sols forestiers, la faune, les cours d'eau et les paysages.

Au nom d'un «libre marché» contrôlé par les grandes papetières, l'industrie forestière voudrait voir disparaître les plans conjoints sur le bois à pâte et le pouvoir de la Régie des marchés agricoles en forêt privée. Le «libre marché» du bois n'existe pas au Québec et la Régie est le seul mécanisme qui améliore le rapport de force des producteurs de bois face aux industriels. Nous réaffirmons cette nécessité de faire front commun en forêt privée contre l'industrie et souvent aussi contre les politiques de l'État.

La priorité au bois de la forêt privée pour approvisionner les usines est toujours restée lettre morte. C'est pourtant une mesure à mettre en vigueur pour développer le plein potentiel de la forêt privée québécoise.

Un véritable marché du bois

Le marché libre et concurrentiel du bois au Québec est une vue de l'esprit. Une étude faite par le Collectif Forêt-intervention au milieu des années 1980 montrait que l'industrie papetière contrôlait 74 pour cent de la demande de bois. Depuis la politique forestière de 1987 et la prise de contrôle par l'industrie papetière de l'industrie du sciage au moyen d'acquisitions d'entreprises, la situation est maintenant bien pire. L'industrie papetière contrôle d'importants volumes de bois provenant des forêts publiques par le truchement de ses propres contrats d'approvisionnement et d'aménagement forestiers (CAAF) ainsi que de ses scieries affiliées et de leurs CAAF.

Le gouvernement cautionne ce marché d'acheteurs lors de l'établissement des droits de coupe en forêt publique. En effet, la valeur des droits de coupe en forêt publique est fondée sur une analyse des ventes de bois de la forêt privée. C'est un cercle vicieux, puisque ces ventes sont elles-mêmes influencées par la faible valeur des droits de coupe en forêt publique. Paradoxalement, se faisant grand défenseur d'un « marché libre » du bois, l'industrie s'en prend depuis quelque temps au pouvoir de la Régie des marchés agricoles et des plans conjoints.

Selon nous, la solution repose sur une politique forestière visant à mieux équilibrer le marché du bois. Il faut remettre en cause des privilèges de quasi-propriété des ressources forestières publiques consentie à l'industrie forestière. Il faut rompre avec plusieurs siècles d'histoire où l'« à-plat-ventrisme » devant les intérêts de la grande industrie a été la règle. C'est le seul moyen de redonner une certaine dignité à des milliers de producteurs pour qu'ils puissent obtenir un plus juste prix pour leur bois.

Les contribuables réclament également que l'industrie forestière redonne à l'État une plus grande part des bénéfices qu'elle tire de l'exploitation de la forêt. Au Québec, en 1995, les droits de coupe sont en moyenne de 7,38 $ par mètre cube de bois coupé. Malgré une hausse récente de 31 pour cent, les droits de coupe au Québec demeurent parmi les plus bas en Amérique du Nord. Et encore, l'industrie qui fait de la sylviculture peut voir sa facture diminuer de 40 pour cent à cause de la politique gouvernementale qui lui permet de payer partiellement les droits de coupe de cette façon. De plus, les grandes entreprises paient peu ou pas d'impôts. Au moment de la flambée des prix du bois d'œuvre et de la prospérité de l'industrie papetière, cette situation mérite d'être dénoncée.

Pour favoriser un marché du bois, nous souhaitons voir une nouvelle structure gérer, aménager et couper le bois, cultiver l'ensemble des ressources forestières de la forêt publique. Ce nouvel intervenant vendrait le bois aux industries de transformation. La formule exacte reste encore à trouver. Par exemple, cet intervenant pourrait être une coopérative ou un ensemble de partenaires régionaux qui mettent leurs efforts en commun. Cela pourrait favoriser la mise en place d'un aménagement intégré de l'ensemble des ressources de la forêt. Cela permettrait enfin de mieux connaître les véritables coûts de la production de bois.

La création d'un marché concurrentiel pour le bois de la forêt publique est évidemment une situation idéale qui n'existe pas encore. En attendant, la Régie des marchés agricoles et les plans conjoints des producteurs de bois de la forêt privée permettent de contrecarrer le contrôle du marché du bois par l'industrie. Comme l'industrie du sciage est devenue le principal marché de la forêt privée, il est urgent d'y étendre le rôle de la Régie et des plans conjoints. Sinon, l'industrie réussira encore une fois à contourner l'action collective des producteurs de la forêt privée comme elle a pu le faire avec les organisations syndicales de la forêt publique.

La gestion intégrée de la forêt

La gestion intégrée des ressources forestières est aujourd'hui un concept très à la mode. Il y a dix ans à peine, les mêmes préoccupations étaient véhiculées sous le chapeau de l'utilisation polyvalente de la forêt. La gestion intégrée de la forêt a pour but de mettre fin à une gestion centrée uniquement sur le bois ou, si l'on veut, consacrée au seul usage industriel de la forêt. Le plan d'affectation des terres publiques conçu lors de l'instauration du régime forestier de 1987 réservait plus de 90 pour cent du territoire forestier public de façon prioritaire à la production de bois. Sans démocratie dans la gestion forestière, on ne peut parler de gestion intégrée. Celle-ci ne doit surtout pas être un nouveau secteur où des technocrates industriels et gouvernementaux (forêt, faune et environnement) puissent établir de nouvelles normes. Ce que veut plutôt la population, c'est voir le début d'une intégration démocratique des divers usages de la forêt.

Les pesticides en forêt

Pour nous, il faut dès maintenant bannir l'utilisation des pesticides chimiques, phytocides et insecticides. La *Stratégie de protection des forêts* promet l'abolition des phytocides chimiques à compter de 2001. Le Bureau d'audiences publiques sur l'environnement avait recommandé le remplacement des phytocides à partir de 1996. Ce remplacement des phytocides par des travaux de dégagement mécanique des plantations serait créateur d'emplois dans plusieurs régions forestières du Québec. Une stratégie intégrée de lutte contre les agents nuisibles doit aussi être mise en place, à commencer par des mesures pour prévenir les problèmes de végétation concurrente. Ce n'est pas la première fois qu'on promet la fin de l'usage des phytocides en forêt. Souhaitons que le gouvernement tienne sa promesse.

En juin 1994, le BAPE rendait sa décision concernant l'usage des insecticides en forêt au cours des années à venir. La Société de protection des forêts contre les insectes et les maladies (SOPFIM) voulait utiliser du fénitrothion pour lutter contre le diprion de Swaine, qui affecte périodiquement les vastes peuplements de pin gris dans les régions de l'Abitibi-Témiscamingue, du Saguenay-Lac-Saint-Jean et de la Mauricie. Le BAPE rejette l'usage du fénitrothion à cause de ses effets nocifs sur l'environnement et sur la santé publique. Pour nous aussi, le recours au fénitrothion serait un retour en arrière. Cette proposition de la SOPFIM étonne à un moment où Agriculture Canada revoit l'homologation du fénitrothion.

Toujours dans sa décision de juin 1994, le BAPE reconduisait l'utilisation du *Bacillus thuringiensis* (B.t.) pour lutter contre la tordeuse des bourgeons de l'épinette. Le B.t. n'est pas une recette miracle mais bien un pis-aller. Nous croyons que l'utilisation à long terme du B.t. peut comporter des effets nocifs sur la santé humaine et sur l'environnement.

La sylviculture

Depuis le régime forestier de 1987, on a beaucoup insisté sur l'ère désormais révolue de la récolte forestière qui cède la place à l'ère de la sylviculture. Beaucoup reste à faire dans ce domaine. La sylviculture demeure limitée à des traitements peu imaginatifs habituellement dépendants des subventions, en forêt privée, ou des crédits de droit de coupe, en forêt publique.

Depuis que les frais de reboisement sont à la charge des bénéficiaires de CAAF, ceux-ci l'ont délaissé pour favoriser la coupe avec protection de la régénération. Certes, cette nouvelle méthode de coupe améliore la situation, notamment en réduisant les impacts sur les sols forestiers. Les effets des grandes coupes sur la faune, l'eau et le paysage ne sont pas réduits pour autant. Certains de ces impacts sont encore mal connus. Dans la pessière, par exemple, la coupe avec protection de la régénération conduit souvent à un «ensapinage» qui risque à long terme de favoriser des épidémies de tordeuse des bourgeons de l'épinette. En outre, cette tendance conduit à une baisse de qualité de la matière ligneuse.

Si la sylviculture balbutie encore, c'est sûrement à cause des orientations actuelles de la gestion forestière qui, sans se préoccuper du long terme, se contente de fournir du bois aux industries en place. La sylviculture doit s'orienter vers la production de bois de meilleure qualité et de plus grande dimension, de façon à donner plus de marge de manœuvre à l'industrie transformatrice. La sylviculture québécoise ne pourra évoluer si on se contente de regarder se détériorer nos ressources forestières.

La formation des forestiers

La forêt se porterait-elle mieux si les gens qui y travaillent étaient mieux formés? Nous n'en sommes pas certains, parce que nous croyons que beaucoup de problèmes forestiers sont plutôt la conséquence de l'état pitoyable des conditions de travail en forêt. Sans amélioration significative des conditions de travail des ouvriers forestiers de la coupe manuelle et de la sylviculture, la formation ne peut jouer pleinement son rôle. Par exemple, dans un contexte de salaire au rendement, on n'utilisera pas une méthode plus sécuritaire si elle s'avère moins productive.

Les travailleurs forestiers du Québec connaissent leur métier, même si l'apprentissage se fait sur le tas. Avant de parler de formation, il faut que cesse le mépris envers leurs compétences. Les travailleurs forestiers sont des gens habiles, intelligents et productifs. Trop d'ingénieurs forestiers adhèrent en effet au corporatisme qui leur fait voir les ouvriers sylvicoles, les techniciens forestiers et les autres intervenants en forêt comme des gens qui ne sont là que pour exécuter, comme des serviteurs, leurs décisions éclairées.

La formation des ingénieurs forestiers nous inquiète. Les professionnels de la forêt ont encore trop souvent le réflexe de défendre le point de vue de l'industrie forestière. Le cours d'ingénieur forestier est dispensé seulement à l'Université Laval. Le droit de regard, voire la mainmise de l'industrie sur les programmes enseignés, sont toujours la règle et doivent être dénoncés. L'Université devrait donner aux autres utilisateurs de la forêt (Autochtones, chasseurs, pêcheurs, villégiateurs) la possibilité d'influencer ses programmes. Il faudrait aussi promouvoir une formation universitaire en foresterie dans d'autres institutions.

Les conditions de travail en forêt

Les conditions de travail dans le secteur forestier, en forêt et dans les scieries, sont encore aujourd'hui les pires au Québec. La forêt conserve, bon an mal an, un taux record d'accidents de travail. Les conditions les plus difficiles sont observées particulièrement en sylviculture et dans les opérations forestières conventionnelles, c'est-à-dire là où on utilise encore des scies à chaîne. Le salaire au rendement est à l'origine d'une bonne partie de ces conditions de travail pénibles. La rareté du travail, particulièrement en milieu rural, pour une main-d'œuvre forestière peu scolarisée, fait en sorte que les travailleurs forestiers sont prêts à accepter n'importe quoi pour réussir à faire leurs « timbres d'assurance-chômage ». Dans la coupe mécanisée, le fait que les travailleurs forestiers deviennent propriétaires des abatteuses, ébrancheuses et débusqueuses cause également une pression à la baisse sur leurs conditions de travail. Enfin, l'entrée en vigueur de la *Loi sur les forêts* de 1987, avec l'instauration des CAAF, a souvent permis aux industriels forestiers d'anéantir les organisations syndicales en forêt.

Comment sortir du cercle vicieux des pénibles conditions de travail qui existent toujours en forêt? Nous croyons que seul un rapport de force pourra véritablement améliorer le sort des travailleurs forestiers. Et ce rapport de force passe par l'action collective. En forêt publique, un premier pas dans la bonne direction serait de permettre l'accréditation syndicale multipatronale. En forêt privée, les plans conjoints de mise en marché du bois sont une forme d'action collective. Ils ont d'ailleurs permis aux producteurs de bois de maintenir un meilleur prix que s'ils étaient restés isolés. On oublie souvent de se rappeler qu'il se fait des fortunes au Québec à transformer notre bois. Si cela n'était pas le cas, des géants forestiers mondiaux comme Stone ou Daishowa n'auraient pas investi au Québec. Les papetières québécoises ne seraient pas, non plus, prêtes à investir des centaines de millions dans la dépollution pour continuer à faire des profits. Les travailleurs forestiers et les producteurs de bois ont droit à une plus juste part du gâteau forestier.

Critiquer l'entreprise privée

Quoi qu'en disent ses ténors, l'industrie forestière s'est toujours appuyée sur l'État pour assurer son développement. Pour prospérer et se développer, l'industrie forestière a besoin de politiques sociales, économiques, forestières, qui lui sont favorables. Les décisions politiques que nous prenons collectivement contribuent à la vitalité de l'industrie forestière. Nous avons donc le droit de lui jeter un regard critique. Léo-Paul Lauzon, professeur en comptabilité de l'Université du Québec à Montréal, a effectué une étude sur la crise qu'a connue l'industrie papetière québécoise au début des années 1990. Entre autres choses, cette étude fait ressortir un problème de sous-investissement dans les usines québécoises. L'industrie forestière québécoise doit y réinvestir une plus grande part de ses profits.

Par ailleurs, il y a toutes sortes d'entreprises privées. Certaines, telle Kruger, appartiennent à des familles ; d'autres, comme Avenor et Donohue, appartiennent à une multitude d'actionnaires ; d'autres encore appartiennent plus directement à des communautés. Nous voulons donner ici notre appui aux entreprises contrôlées par des groupes de travailleurs et par des partenaires régionaux qui donnent un véritable sens socio-économique à la transformation de la ressource. Nous voulons parler par exemple de Tembec, au Témiscamingue, de Boisaco, sur la Côte-Nord, ou des coopératives forestières. Les partenaires locaux et régionaux liés à ces entreprises se préoccupent du sort de la région concernée. Tous les ingrédients sont réunis pour que ces entreprises s'intéressent à la forêt régionale, aux travailleurs et au développement économique régional.

Si nous soutenons ces partenaires locaux, nous croyons par contre qu'il faut dénoncer la nouvelle tendance à la mondialisation de l'économie forestière québécoise. Il y a déjà quelques années, cela a conduit par exemple à l'acquisition de Consolidated Bathurst par Stone Container, ou à l'implantation de Daishowa en territoire québécois. Il nous apparaît difficile de croire que des décisions industrielles prises à Chicago ou à Tokyo puissent tenir compte du développement économique de la Mauricie ou de l'aménagement forestier dans la réserve faunique des Laurentides. Pour cette raison, nous souhaitons une nationalisation de ces grandes compagnies afin de rapprocher les centres de décision et de faire en sorte que les profits réalisés à même notre forêt soient réinvestis au Québec. Nous ne proposons pas une nationalisation de toute l'industrie forestière. Nous visons seulement les éléments qui exportent les profits et la richesse hors du Québec.

La coopération internationale en foresterie

Même si elle dépasse nos frontières, la coopération internationale en foresterie est pour nous une grande préoccupation. À ce chapitre, nous ne pouvons qu'appuyer les peuples du tiers monde qui veulent obtenir un mieux-être en mettant en valeur leurs ressources forestières sur la base du développement durable.

Nous croyons cependant que la coopération internationale offerte par les pays riches ne répond pas toujours aux vrais besoins; parfois, elle vise tout simplement la promotion de leurs propres intérêts. Il faut aussi dénoncer les missions à l'étranger de nos faux experts qui parcourent la planète en voulant régler des problèmes forestiers qui leur échappent. La mentalité à courte vue de ces experts risque plus d'accélérer que de freiner la dilapidation des forêts tropicales, tout comme cela continue de se faire dans la forêt québécoise. Exporter nos experts forestiers peut signifier exporter et reproduire ailleurs les problèmes forestiers du Québec.

Nous croyons beaucoup plus à une coopération faite par l'intermédiaire des organismes non gouvernementaux (ONG) sur des projets élaborés avec des partenaires dans la population concernée. Plus les projets sont proches des problèmes des gens, plus leurs réalisations auront des effets positifs. Tout comme nous le souhaitons pour la forêt québécoise, il faut favoriser une démocratie réelle dans la manière de gérer, de vivre et de travailler la forêt.

Par ce manifeste, le Collectif Forêt-intervention souhaite relancer un débat politique sur la forêt québécoise. Ni le régime forestier mis en place par Albert Côté, ni la politique de la forêt habitée du Parti québécois ne répondent à toutes les aspirations des travailleurs forestiers, des producteurs de bois, des Autochtones, de la population des régions. Ce manifeste se veut une prise de position dans un débat à engager pour que la forêt devienne une source de bien-être pour les gens qui y vivent et qui en vivent, pour que la forêt soit une source de santé environnementale et économique pour toute la société québécoise.

Collectif Forêt-intervention
Le 1er juin 1995

Bibliographie

ANDREFF, Wladimir, *Les multinationales hors la crise,* Paris, Le Sycomore, 1982.

ASSOCIATION DES INDUSTRIES FORESTIÈRES DU QUÉBEC, *La politique forestière du Québec : Éléments de solution,* septembre 1984.

BÉRUBÉ, Denise, *Analyse stratégique de la réception de politique industrielle étatique dans le secteur privé : le cas de l'industrie forestière,* thèse présentée à l'École des gradués de l'Université Laval, faculté des Sciences sociales, mars 1992.

BLAIS, J.-Robert, «Réflexions sur l'épidémiologie de la tordeuse des bourgeons de l'épinette (TBE) suite à 40 années d'étude», *in Revue d'entomologie du Québec,* vol. 29, n° 1, janvier 1984.

BORMANN, F.H. et Gene E. LIKENS, *Pattern and Process in a Forested Ecosystem,* (3ᵉ éd.), New York, Springer-Verlag, 1987.

BUREAU D'AUDIENCES PUBLIQUES SUR L'EN-VIRONNEMENT, *Les forêts en santé,* octobre 1991.

CHAMBRE DES COMMUNES DU CANADA, *Le Canada: vers une nation forestière modèle,* rapport du comité permanent des ressources naturelles, juin 1994.

CHARLAND, Jean-Pierre, *Les pâtes et papiers au Québec 1880-1980,* document de l'Institut québécois de recherche sur la culture, Québec.

CORBEIL, Michel, « La forêt meurtrière », *Le Soleil,* 17 septembre 1995.

DÉSY, Jean, *Des forêts, pour les hommes et les arbres,* Montréal, Méridien, 1995.

DUBOIS, Pierre, *Forestiers et technocrates: l'idéologie technocratique des ingénieurs forestiers au Québec,* thèse de maîtrise en sciences politiques présentée à l'École des gradués de l'Université Laval, octobre 1986.

_____, (pour le Collectif Forêt-intervention), « La politique forestière de l'industrie forestière », *L'Aubelle,* (magazine de l'Ordre des ingénieurs forestiers du Québec), avril-mai 1987.

_____, « Le discours de crise de l'industrie papetière », *Franc-Vert,* vol. 9, n° 6, novembre-décembre 1992.

_____, « Le dur métier de coupeur de bois », *Forêt conservation,* vol. 57, n° 10, mars 1991.

_____, « Santé et sécurité: un dossier difficile », *La Terre de chez nous,* du 29 août au 4 septembre 1991.

_____, « Quand la concertation vire au vert », *Prévention au travail,* printemps 1994.

_____, « Planteurs blancs d'Amérique », *Le Soleil,* du 9 au 12 juillet 1990.

DUBOIS, Pierre, «Santé et sécurité du travail en forêt privée – un bilan peu reluisant», *Forêt de chez nous,* septembre 1992.

_____, «Beaucoup d'absents à la consultation», *Forêt conservation,* septembre 1991, vol. 58, n° 5.

_____, «L'environnement devenu relations publiques», *Forêt conservation,* mai 1992, vol. 59, n° 2.

DUCHESNE, André, «La certification des pratiques forestières», présentation à l'assemblée générale annuelle de la Fédération des producteurs de bois du Québec, Drummondville, le 2 juin 1994.

GAUDREAU, Guy, «L'État, le mesurage du bois et la promotion de l'industrie papetière», *in Revue d'histoire de l'Amérique française,* vol. 43, n° 2, automne 1989.

GROUPE DE RECHERCHE EN HISTOIRE, «Un représentant du grand capital dans le commerce du bois : William Price», numéro 5 de la série *La colonisation pour le bois,* Opération-Dignité 1, mars 1978.

KEABLE, Jacques, «ITT, onzième province», Annexe 3 de : Anthony Sampson, *ITT – L'état souverain,* Montréal, Québec/Amérique, 1973.

LAUZON, Léo-Paul, *Analyse socio-économnique – L'industrie papetière canadienne (1983-1993),* rapport publié par le comité conjoint UQAM-CSN-FTQ dans le cadre des Services aux collectivités de l'UQAM, 1995.

_____, *L'industrie papetière canadienne – analyse socio-économique (1981-1991,* Montréal, UQAM, août 1992.

LUSSIER, Louis-Jean, « Les écueils de l'aménagement forestier », présentation faite au colloque *Une forêt milieu de vie,* Sainte-Foy, 5 mai 1994, *Interface forêt.*

MINISTÈRE DES RESSOURCES NATURELLES DU QUÉBEC, Direction des programmes forestiers, *Programme de mise en valeur des ressources du milieu forestier,* mai 1995.

NADEAU, Solange, *L'étude du mouvement des prix du bois à pâte issu de la forêt privée : une perspective d'économie politique »,* Rimouski, Association canadienne-française pour l'avancement des science, mai 1994.

ORDRE DES INGÉNIEURS FORESTIERS DU QUÉBEC, document de travail de l'Ordre des ingénieurs forestiers du Québec sur la coupe à blanc (version du 20 janvier 1994 ; inédit).

OTIS, Léonard, *Une forêt pour vivre,* Rimouski, UQAR-GRIDEQ, 1989.

REXFOR, *Rapport annuel,* 1995.

ROUSSEAU, Lyne, *Évolution de l'intervention gouvernementale concernant la fixation des redevances exigées pour les bois sur pied des forêts privées du Québec entre 1901 et 1986,* mémoire de maîtrise déposé à la faculté des Études supérieures de l'Université Laval, département des Sciences du bois et de la forêt, 1995.

UNION DES PRODUCTEURS AGRICOLES, *Bâtir un avenir pour les sylviculteurs de chez nous par le syndicalisme forestier,* Longueuil, 1991.

Glossaire des principaux sigles

AIFQ : Association des industries forestières du Québec

AMBSQ : Association des manufacturiers de bois de sciage du Québec

BAPE : Bureau d'audiences publiques sur l'environnement

CAAF : Contrat d'approvisionnement et d'aménagement forestier

CPR : Coupe avec protection de la régénération

CSST : Commission de la santé et de la sécurité du travail

FQF : Fédération québécoise de la faune

FTPF : Fédération des travailleurs du papier et de la forêt

MER : Ministère de l'Énergie et des Ressources

MRN : Ministère des Ressources naturelles

OIFQ : Ordre des ingénieurs forestiers du Québec

SOPFIM : Société de protection des forêts contre les insectes et les maladies.

Les Éditions Écosociété
DE NOTRE CATALOGUE

Pour que demain soit
L'écologie sociale en action
Serge Mongeau

Comment parvenir à un monde meilleur?

Se prendre en main au lieu d'attendre des solutions qui viennent d'en haut.

Un livre qui invite à mettre l'imagination au pouvoir.

ISBN 2-921561-03-4   1993

14,95 $

Une société à refaire
Vers une écologie de la liberté
Murray Bookchin

Les origines sociales de la crise écologique. Un livre pour tous ceux qui refusent les idées toutes faites, vers une écologie de la liberté.

ISBN 2-921561-02-6   1993

19,95 $

L'écologie politique
Au-delà de l'environnementalisme
Dimitrios I. Roussopoulos

Dans ce livre, l'auteur examine le développement de la crise environnementale et les réactions qu'elle a suscitées chez les gouvernants comme chez les simples citoyens.

ISBN 2-921561-18-2   1994

14,95 $

Deux roues, un avenir
Le vélo en ville
Claire Morissette

Les vertus insoupçonnées du vélo urbain.

Mille facettes de la pratique cycliste et écologiste : pédaler, c'est efficace et pédaler, ça compte !

ISBN 2-921561-14-X   1994
17,95 $

Le scandale des déchets au Québec
Michel Séguin

Le point sur l'inquiétante situation de la gestion des déchets au Québec. Une situation qui n'est pas immuable puisque partout des citoyens se prennent en main pour une gestion écologique et démocratique des déchets-ressources.

ISBN 2-921561-17-4   1994
17,95 $

Si les vrais coûts m'étaient comptés
Essai sur l'énergivoracité
Hortense Michaud-Lalanne.

Qu'est-ce que l'énergie ?

Pas une affaire de spécialistes, mais d'abord et avant tout lumière, chaleur et vie.

Un essai prenant la forme d'un conte.

ISBN 2-921561-01-8   1993
14,95 $

L'an 501
La conquête continue
Noam Chomsky

En l'an 501 de la conquête européenne de l'Amérique, alors que les États-Unis ont pris le relais de l'hégémonie mondiale depuis 50 ans, force nous est de constater que la conquête continue.

ISBN 2-921561-19-0   1995

29,95 $

Des peuples enfin reconnus
La quête de l'autonomie dans les Amériques
Collectif sous la direction de Marie Léger

Les luttes contemporaines de reconnaissance des peuples amérindiens.

ISBN 2-921561-13-1   1994

19,95 $

Les derniers seront les premiers
Murray Angus

Politiques visant les autochtones en période de restrictions budgétaires dans les années 1980.

ISBN 2-921561-08-5   1993

9,95 $

Gens de rivières
André Noël

Un fleuve indien, dix rivières québécoises, leurs gens dont le destin se mêle à celui de l'eau.

ISBN 2-921561-12-3   1994
14,95 $

Le mythe de la défense canadienne
Normand Beaudet

La politique de défense du Canada à la portée de tous, pour un débat nécessaire.

ISBN 2-921561-11-5
14,95 $

Les Québécoises et le mouvement pacifiste (1939-1967)
Simonne Monet-Chartrand

La naissance et le développement du grand mouvement féminin en faveur de la paix.

ISBN 2-921561-09-3
14,95 $

L'écosophie ou la sagesse de la nature
Serge Mongeau

Envisager la nature comme un processus de vie dans lequel nous avons un rôle à jouer. Une exploration des voies pour y arriver.

ISBN 2-921561-06-9   1994

14,95 $

Entre nous
Rebâtir nos communautés
Marcia Nozick

Il existe en Amérique du Nord des milliers de projets et d'initiatives communautaires qui pourraient changer bien des choses. Un phénomène source d'espoir.

ISBN 2-921561-04-2   1995

24,95 $

Pour un pays sans armée
Ou comment assurer la sécurité nationale sans armée
Collectif sous la direction de Serge Mongeau

Une réflexion sur la défense d'un pays comme le nôtre ; un appel au bon sens.

ISBN 2-921561-00-X   1993

14,95 $

Au cœur des possibles
Gabriel Gagnon

Une réflexion critique portant sur la réalité socio-politique du Québec depuis 20 ans. Au cœur de tous les possibles se nichent l'autogestion, l'autonomie, la solidarité et le partage.

ISBN 2-921561-10-7   1995

14,95 $

Moi, ma santé
De la dépendance à l'autonomie
Serge Mongeau

La santé repose sur des actions quotidiennes simples, à la fois personnelles et sociales, qui visent à renforcer les «piliers de la santé».

ISBN 2-921561-20-4   1994
14,95 $

Pleins feux sur une ruralité viable
Collectif sous la direction de Laval Doucet, Muimana Muende Kalala et Françoise Sorieul

Conférences prononcées lors d'un colloque tenu en 1993 sur les défis du monde rural. Au cœur du débat : les relations Nord-Sud, le développement, l'agriculture, la foresterie, les pêcheries, etc.

ISBN 2-921561-15-8   1994
14,95 $

Et si le Tiers Monde s'autofinançait
De l'endettement à l'épargne
Jacques B. Gélinas

Pour remédier aux problèmes relatifs à la dette, l'auteur préconise l'épargne intérieure, la production vivrière coopérative et la maîtrise du système financier par les producteurs eux-mêmes.

ISBN 2-921561-16-6   1994
19,95 $

les éditions
écosociété
A CONTRE-COURANT

Faites circuler nos livres.

Discutez-en avec d'autres personnes.

Si vous avez des commentaires,
faites-nous les parvenir ; il nous fera plaisir
de les communiquer aux auteurs et à notre
comité de rédaction.

Les Éditons Écosociété
C.P. 32052, succursale Les Atriums
Montréal (Québec)
H2L 4Y5

« L'IMPRIMEUR »

Ce livre est imprimé sur papier *Phœnix Opaque :*
– 50 % papier recyclé ;
– 10 % de fibres post-consommation ;
– non blanchi au chlore.